AF509925

# CATALOGUE MENSUEL

(*Nouvelle Série, N° 22*)

AVRIL 1899

# LIBRAIRIE

DE

# THÉOPHILE BELIN

## 29, Quai Voltaire, PARIS

## SOMMAIRE

Archives de Bretagne, 1883-95, 6 vol. — *Arnault.* Vie de Napoléon, 1822-26, 2 vol. — *Barbey de Jouy* et *Jacquemart.* Les Gemmes et Joyaux de la Couronne, 1886. — *Bourrienne.* Mémoires, 1839, 10 vol. — *Brancaccio.* J. Carichi militari, 1610. — *Brongniart* et *Riocreux.* Description du Musée de Sèvres, 1845. — Catalogues illustrés. — *Courcy.* Nobiliaire de Bretagne, 1890, 3 vol. *Darcel* et *Delange.* Recueil de faïences italiennes, 1869. — *Delange.* Recueil de faïence française, 1861. — *Du Tillet.* Recueil des roys de France, 1602. — Les Evangiles ill. par Bida, 1873, 2 vol. — *Frœhner.* La Verrerie antique, 1879. — *Guérin de la Grasserie.* Armorial de Bretagne, 1845-48, 2 vol. — *Hayton.* L'Hystoire du grand empereur de Tartarie, 1529. — *Mirabeau.* La Monarchie prussienne, 1788, 8 vol. et atlas. — *Sauzay* et *Delange.* Monographie de l'Œuvre de Bernard Palissy, 1362. — *Visconti.* Museo Pio-Clementino, 1782-92, 6 vol. — *Voltaire.* Œuvres, 1834, 72 vol. — VOYAGES ET DESCRIPTION TOPOGRAPHIQUES. *Benoit.* Voyage à Surinam. — *Charlevoix.* Hist. du Japon. — *Choiseul-Gouffier.* Voyage de la Grèce. — *Demidoff.* Excursion en Russie. — *Denon.* Voyage en Egypte. — Description de l'Egypte, 1821-29. — *Du Tertre.* Hist. des Antilles. — *Gaimard.* Voyages en Islande, en Scandinavie, etc. 23 vol. et 8 atlas. — *La Borde.* Description de la France. — *La Pérouse.* Voyage autour du Monde. — *La Vallée.* Voyage d'Istrie. — *Oppert.* Expédition en Mésopotamie. — *Saint-Non.* Voyage de Naples. — *Salzmann.* Jérusalem. — *Solvyns.* Les Hindous. — *Tavernier.* Voyages. — *Taylor* et *Nodier.* Voyages dans l'ancienne France. — *Zurlauben.* Tableaux de la Suisse. — Etc.

# PARIS

## LIBRAIRIE THÉOPHILE BELIN

29, QUAI VOLTAIRE, 29

### 1899

**986. Album Lafarge.** In-8 oblong, en feuilles, couv.                15 fr.

37 planches lithographiées, caricature de ce procès célèbre, fait en collaboration par un avocat et un dessinateur restés inconnus.

**987. Anacréon.** Odes d'Anacréon, traduites en françois, avec le texte grec, la version latine, des notes critiques, et un discours sur la musique grecque, par J.-B. Gail. *Paris, impr. Didot aîné, s. d.* ; 4 vol. in-18, veau, dos orné, fil., tr. dor. (*Rel. anc.*).                20 fr.

Portrait par *le Barbier* et charmantes figures de *Queverdo.* Musique gravée.

**988. André** (Auguste). De la Verrerie et des vitraux peints dans l'ancienne province de Bretagne. *Rennes, 1878* ; in-8, br.                3 fr.

**989. Anecdotes.** *Paris, Vincent, 1768-1776* ; 18 vol. pet. in-8, veau, dos orné (*Rel. anc.*).                60 fr.

Anecdotes françoises, par Guill. Bertoux, 3 vol. — Anecdotes italiennes, par Fr. de la Croix, 1 vol. — Anecdotes angloises, par Fr. de la Croix, 1 vol. — Anecdotes du Nord, par de la Place, La Croix et Hornot, 1 vol. — Anecdotes des Républiques, par de la Croix, 2 vol. — — Anecdotes arabes, par de la Croix et Hornot, 1 vol. — Anecdotes ecclésiastiques, par Jaubert et Dinouart, 2 vol. — Anecdotes espagnoles et portugaises, par Bertoux, 2 vol. — Anecdotes orientales, par Mentelle, 2 vol. — Anecdotes chinoises, par Castillon, 1 vol. — Anecdotes africaines, par Dubois-Fontanelle, 1 vol. — Anecdotes américaines, par Hornot. 1776.

**990. Anecdotes** germaniques depuis l'an de la fondation de Rome 648, et avant l'ère chrétienne 106 jusqu'à nos jours (par And.-Guill. Contant d'Orville). *Paris, Vincent, 1769* ; pet. in-8, veau fauve, dos orné, fil., tr. rouge. (*Rel. anc.*).                10 fr.

**991. Anecdotes** sur Napoléon. *Paris, Chaumerot, 1828* ; in-18, front., br.                10 fr.

Frontispice lithographié par *Charlet.*

**992. Anquetil.** L'esprit de la Ligue, ou histoire politique des troubles de la ligue pendant les XVIe et XVIIe siècles. (Par le P. L.-P. Anquetil, génovéfain.) *Paris, J.-T. Hérissant fils, 1767* ; 3 vol. in-12, veau fauve, dos orné, fil. (*Rel. anc.*).                20 fr.

Exemplaire portant sur le dos les pièces d'arme du maréchal de ROHAN-SOUBISE.

**993. Anquetil.** L'Intrigue du cabinet sous Henri IV et Louis XIII, terminée par la Fronde. *Paris, Moutard, 1780* ; 4 vol. in-12, veau marbré, dos orné. (*Rel. anc.*).                35 fr.

Ouvrage rare.

**994. Anthologie** des Poètes bretons du XVIIe siècle par Stéphane Halgan, le comte de Saint-Jean, Olivier de Gourcuff et René Kerviler. *Nantes, Société des bibliophiles bretons, 1884* ; in-4, portr. et fac-similé, br.                12 fr.

PAPIER VERGÉ.

**995. Antommarchi** (Dr F.). Mémoires, ou les derniers momens de Napoléon. *Paris, Barrois aîné, 1825* ; 2 vol. in-8, br.                12 fr.

**996. Archives** de Bretagne. Recueil d'actes, de chroniques et de documents historiques rares ou inédits publié par la Société des bibliophiles bretons. *Nantes, Société des bibliophiles bretons, 1883-1895* ; 6 vol. in-4, br.                60 fr.

Tome Ier. Privilèges de la ville de Nantes. — Tome III. Le Mystère de Ste Barbe. — Tome IV. Lettres et Mandements de Jean V. — Tomes VI, VII et VIII. Lettres et Mandements de Jean V. (Les tomes 2 et 5 manquent).

**997. Arnault** (A.-V.). Vie politique et militaire de Napoléon. *Paris, Babeuf, 1822-1826* ; 2 vol. in-fol., demi-rel. mar. rouge, *non rognés.* 120 fr.

Très bel ouvrage illustré d'un frontispice, de 2 portraits de Napoléon et de 132 planches lithographiées par les meilleurs artistes de l'époque.

**998. Asselineau** (Charles). Appendice à la seconde édition de la bibliographie romantique. *Paris, Rouquette, 1874* ; gr. in-8, br., couv.                5 fr.

PAPIER DE HOLLANDE.

**999. Barbey de Jouy** et **Jacquemart.** Les Gemmes et Joyaux de la Couronne du Musée du Louvre, expliqués par M. Barbet de Jouy, membre de l'Institut, dessinés et gravés à l'eau-forte d'après les originaux par J. Jacquemart. Introduction par A. Darcel. *Paris, Techener, 1886* ; in-fol., demi-rel. dos et coins de mar. rouge, tête dor., *non rogné.*                200 fr.

60 planches à l'eau-forte et texte explicatif montés sur onglets.
Bel exemplaire.

**1000. Barthélemy.** Douze journées

de la Révolution, poëmes. *Paris, Perrotin,* 1835 ; in-8, br.   8 fr.
Ouvrage orné de 12 eaux-fortes d'après *Raffet* et *Tony Johannot.*

**1001. Belliard** (Comte). Mémoires du Comte Belliard, lieutenant-général, écrits par lui-même, recueillis et mis en ordre par A. Vinet, l'un de ses aides de camp. *Bruxelles, Méline, Cans,* 1842 ; 3 vol. in-12, br.   18 fr.

**1002. Belordeau** (Pierre). Les Coustumes générales des pays et duché de Bretagne. Avec la paraphrase explicative literale et analogique, sur tous les articles d'icelle. Troisième édition. *Paris, Nic. Buon,* 1635 ; in-4, veau. (*Rel. anc.*).   15 fr.
Légères piqûres de vers.

**1003. Belordeau** (Pierre). Les Coustumes générales des pays et duché de Bretagne. Avec la paraphrase et explication literale et analogique sur tous les articles d'icelles. Cinquième édition. *Rennes, Pierre Garnier,* 1656 ; in-4, demi-rel. veau.   10 fr.
Légères mouillures.

**1004. Bentivoglio** (Cardinal). Histoire des guerres de Flandre, traduite de l'italien par M. Loiseau l'aîné. *Paris, Desaint,* 1769 ; 4 vol. in-12, veau marbré, dos orné. (*Rel. anc.*).   10 fr.

**1005. Berri** (Duchesse de). Mémoires historiques de S. A. R. Madame la Duchesse de Berri depuis sa naissance jusqu'à ce jour, publiés par A. Nettement. *Bruxelles, Hauman,* 1837 ; 3 vol. in-12, br. 15 fr.

**1006. Berthre de Bourniseaux.** Précis historique de la guerre civile de la Vendée, depuis son origine, jusqu'à la pacification de La Jaunaie. *Paris, Buisson,* 1802 ; in-8, front., br.   4 fr.

**1007. Boccace** (J.). Contes de J. Bocace. Traduction nouvelle (par Ant. le Maçon). *Londres,* 1779 ; 10 vol. in-12, veau marbré, dos orné, fil.   25 fr.
Figures d'après *Gravelot, Eisen, Cochin, Boucher,* gravées en taille-douce par *Vidal.*

**1008. Bodin.** Les Paradoxes du seigneur de Malestroit, conseiller du roy, sur le faict des Monnoyes, presentez a Sa Majesté au mois de mars 1566. Avec la response de Jean Bodin aux dicts paradoxes. *Paris, Martin le Jeune,* 1578 ; pet. in-8, vélin de 128 pp.   25 fr.
Rare petit livre d'économie politique.

**1009. Boileau-Despréaux.** Œuvres de Nicolas Boileau-Despréaux avec des éclaircissemens historiques, donnés par lui-même. *La Haye, J. Vaillant,* 1722 ; 4 vol. in-12, veau granit, dos orné. .(*Rel. anc.*).   30 fr.
Édition enrichie de figures et de culs-de-lampe gravés par *Bernard Picart.*

**1010. Boldenyi** (J.). La Hongrie ancienne et moderne, histoire, arts, littérature, monuments, par une société de littérateurs sous la direction de M. J. Boldenyi. *Paris, H. Lebrun,* 1851 ; gr. in-8, br. 10 fr.
Ouvrage illustré d'un grand nombre de figures sur bois.

**1011. Bombardement** (Le) et la machine infernale des Anglais contre Saint-Malo en 1693. Récits contemporains en vers et en prose avec figures. *Nantes, Société des bibliophiles bretons,* 1885 ; in-4, br.   10 fr.
PAPIER VERGÉ.

**1012. Bonnaffé.** Les Collectionneurs de l'ancienne Rome, notes d'un amateur. *Paris, Aubry,* 1867 ; in-8, br., couv.   5 fr.

**1013. Bord** (Gustave). La Vérité sur la condamnation de Louis XVI. Liste des membres de la Convention et de leurs suppléants. *Paris, Sauton,* 1885 ; in-8, pl., br.   4 fr.

**1014. Botta** (Charles). Histoire de la guerre de l'indépendance des Etats-Unis d'Amérique. Traduite de l'italien, et précédée d'une introduction par M. L. de Sevelinges. *Paris, Dentu,* 1812-1813; 4 vol. in-8, demi-rel. dos et coins de veau fauve, dos orné, tr. marbr.   28 fr.
Portrait de Washington, cartes et plans gravés sur cuivre.

**1015. Bourgoing** (J.-Fr.). Tableau de l'Espagne moderne. Seconde édition. *Paris,* 1797 ; 3 vol. in-8, veau marbr., dos orné, tr. rouge (*Rel. anc.*).   12 fr.
Vues et plans gravés en taille-douce.

**Et de Livres anciens et modernes**

**1016. Bourrienne**. Mémoires sur Napoléon, le Directoire, le Consulat, l'Empire et la Restauration. Neuvième édition. *Paris, A. Ozanne,* 1839; 10 vol. in-12, br. 35 fr.

Mémoires contenant des particularités des plus intéressantes sur la personne et le règne de Napoléon I<sup>er</sup>.

**1017. Bourrienne** et ses erreurs volontaires et involontaires ou observation sur ses mémoires par MM. le général Belliard, le général Gourgaud, le comte d'Aure, le comte de Survilliers, le baron Meneval, le comte Bonacossi, le prince d'Eckmulh, le baron Massias, le comte Boulay de la Meurthe, le ministre de Stein, Cambacérès, recueillies par A. B. (A. Buloz). *Bruxelles, L. Hauman,* 1830-1831; 3 vol. in-12, br. 15 fr.

**1018. Bigarré** (Général). Mémoires du G<sup>al</sup> Bigarré, aide de camp du roi Joseph. 1775-1813. *Paris, Ernest Kolb,* s. d., in-8, br. 5 fr.

**1019. Brancaccio** (Lelio). J. Carichi militari di fra' Lelio Brancaccio. *In Anversa, apresso Joachimo Torgnesio,* 1610; in-4, mar. vert, dos orné, fil., tr. dor. (*Rel. anc.*). 300 fr.

Première Édition illustrée d'un titre et de 5 belles planches gravées en taille-douce. Très bel exemplaire aux armes et au chiffre de J.-A. de Thou et de Gasparde de La Chastre, sa seconde femme.

**1020. Brongniart** et **Riocreux**. Description méthodique du Musée céramique de la manufacture royale de Sèvres. *Paris, Leleux,* 1845; texte et pl. en un vol. in-4, demi-rel. dos et coins de mar. rouge, tête dor., *non rogné.* (*Canape*). 150 fr.

80 planches lithographiées par *Julienne* et *Delarue,* et coloriées. Très bel exemplaire d'ancien coloris.

**1021. Buonaparte,** sa famille et sa cour. Anecdotes secrètes sur quelques personnages qui ont marqué au commencement du dix-neuvième siècle. Par un chambellan forcé à l'être. *Paris, Ménard,* 1816; 2 vol. in-8, br. 10 fr.

**1022. Buron** (L.). La Bretagne catholique. Description historique et pittoresque précédée d'une excursion dans le Bocage vendéen. *Paris et Lyon, Périsse,* 1856; in-8, br. 4 fr.

Illustrations lithographiques par *Devaux.*

**1023. Cadet-de-Vaux**. Dissertation sur le Café, son historique, ses propriétés. *Paris,* 1806; in-12, br. 5 fr.

**1024. Caillot-Duval**. Correspondance philosophique rédigée d'après les pièces originales, et publiée par une société de littérateurs lorrains. *Nancy et Paris,* 1795; in-8, br. 10 fr.

Édition originale de cette correspondance, mystification célèbre dont les véritables auteurs furent le comte Alphonse Fortia de Piles et le chevalier Boisgelin de Kerdu.

**1025. Carli** (Comte J.-R.). Lettres américaines, dans lesquelles on examine l'origine, l'état-civil, politique, militaire et religieux, etc., pour faire suite aux mémoires de D. Ulloa. *Boston et Paris, Buisson,* 1788; 2 vol. in-8, demi-rel. bas. 8 fr.

**1026. Catalogue** des livres de feu M. Crosat (*sic*), baron de Thiers. *Paris, Saillant et Nyon,* 1771; in-8, br. 6 fr.

**1027. Catalogue** des livres de la bibliothèque de feu M. Mirabeau l'aîné, député et Ex-Président de l'Assemblée nationale Constituante. *Paris, Rozet,* 1791; in-8, br. 4 fr.

**1028. Catalogues illustrés** de ventes de tableaux, de dessins, de faïences, d'objets d'art, de meubles et d'antiquités :

Alberici (de Rome), 1886. Antiquités, 16 pl. in-4. 8 fr.

Antiq (Charles), 1895. Faïences, 26 pl. in-4. 8 fr.

Balensi, 1896. Tableaux, 7 pl. in-4. 3 fr.

Bellino, 1892. Tableaux, 24 pl. petit in-fol. 12 fr.

Beurdeley, 1895. Objets d'art (2 parties), 21 pl. in-4. 7 fr.

Beurnonville, 1881. Tableaux, 59 pl. in-4. 20 fr.

Bonnaffé, 1897. Objets d'art, 6 pl. gr. in-8. 3 fr.

Boussaton, 1891. Tableaux, 15 pl. gr. in-8. 8 fr.

Bryas (Jacques de), 1898. Dessins du XVIII<sup>e</sup> siècle, 24 pl. in-4. 10 fr.

Burat (Jules), 1885. Tableaux, 9 pl. in-4. 5 fr.

**Achat de Bibliothèques**

[CAMONDO], 1893. Tableaux, 34 pl. pet. in-fol.   12 fr.

CASTELLANI (Alessandro), 1884. Objets d'art antiques (2 parties), 59 pl. in-4.   20 fr.

COQUELIN, 1893. Tableaux modernes, 21 pl. pet. in-fol.   10 fr.

COUSIN (Charles), 1891. Livres, manuscrits, faïences, tableaux, portr. et 11 pl. en chromo lithographie, in-4. Ex. sur papier du Japon. 15 fr.

DENAIN (Mme), 1893. Tableaux et objets d'art, 17 pl. in-4.   8 fr.

DESTAILLEUR (Hipp.), 1896. Dessins et tableaux, 13 pl. gr. in-8.   5 fr.

DOUBLE, 1881. Objets d'art, 17 pl. in-4.   20 fr.

DUMAS (Alexandre), 1892. Tableaux, 15 pl. pet. in-folio.   15 fr.

GARNIER (Henri), 1894. Tableaux, 25 pl. pet. in-fol.   10 fr.

GEOFFROY-DECHAUME, 1893. Tableaux, 6 pl. in-4.   4 fr.

GOLDSCHMIDT, 1888. Tableaux modernes, 31 pl. in-4.   18 fr.

GONCOURT, 1897. Arts de l'Extrême-Orient, 8 pl. gr. in-4.   8 fr.

GOUPIL (Albert), 1888. Objets d'art, 15 pl. in-8.   8 fr.

HECHT (Henri), 1891. Tableaux, 9 pl. gr. in-8.   4 fr.

HEILBUTH (Ferdinand), 1890. Tableaux, portr. et 16 pl. in-4.   8 fr.

HULOT, 1892. Tableaux, 29 pl. pet. in-fol.   18 fr.

JITTA (Josephus), d'Amsterdam, 1880. Objets d'art, 9 pl. phot. in-4. 5 fr.

JOSSE, 1894. Objets d'art et ameublement, 21 pl. pet. in-fol.   12 fr.

LAFAULOTTE, 1886. Objets d'art, 15 pl. in-4.   8 fr.

LANCEY (Mme de), 1889-1890. Eventails, objets d'art (2 parties), 26 pl. in-4.   8 fr.

[LEBEUF DE MONTGERMONT], 1891. Objets d'art, 43 pl. gr. in-4.   15 fr.

LÉGUILLON, 1895. Objets d'art, 10 pl. gr. in-8.   3 fr.

LEROUX, 1896. Objets d'art, 12 pl. gr. in-8.   4 fr.

MAILAND, 1881. Tableaux, 8 pl. gr. in-8.   3 fr.

MAY, 1890. Tableaux, 33 pl. in-4. 8 fr.

MEAZZA (de Milan), 1884. Tableaux, 34 pl. gr. in-8.   7 fr.

NIEUWENHUYS (Fr.), 1881. Tableaux, 7 pl. in-8.   6 fr.

ODIOT (Ernest), 1889. Objets d'art, 20 pl. in-4.   8 fr.

PERKINS, 1889. Tableaux anciens, 16 pl. petit in-folio.   7 fr.

PHOTIADÈS PACHA, 1890. Monnaies grecques et byzantines (2 parties), 10 pl. in-4.   6 fr.

PIOT (Eugène), 1890. Antiquités, 19 pl. gr. in-4.   8 fr.

PLOQUIN, 1891. Anciennes faïences, 16 pl. in-8.   3 fr.

ROEDERER (du Havre), 1891. Tableaux modernes, 27 pl. petit in-fol. 12 fr.

ROTHAN, 1890. Tableaux anciens, 77 pl. pet. in-fol.   40 fr.

SALVERTE, 1887. Tableaux et objets d'art, 16 pl. in-4.   8 fr.

SAN DONATO, 1868-1870-1880. Tableaux, objets d'art et bibliothèque, 80 pl. in-8 et pet. in-fol.   25 fr.

SECRÉTAN, 1889. Tableaux (2 parties), 96 pl. pet. in-fol.   50 fr.

SEILLIÈRE, 1890. Objets d'art, 39 pl. in-4.   15 fr.

SPITZER, 1893. Objets d'art, 68 et 14 pl. in-fol. et 3 vol. in-4.   60 fr.

STEIN, 1866. Objets d'art, 33 pl. in-4.   12 fr.

TOLLIN, 1897. Objets d'art, 14 pl. gr. in-8.   5 fr.

VAISSE, 1885. Objets d'art, 24 pl. in-4.   8 fr.

VAN MARCKE (Emile), 1891. Tableaux, portr. et 9 pl. in-4.   6 fr.

VINCENT (de Constance), 1891. Objets d'art, nombr. pl. in-4.   5 fr.

WEBER, 1892. Objets d'art, 5 pl. in-4.   3 fr.

WILSON, 1873. Tableaux (2e éd.), 55 pl. pet. in-fol.   45 fr.

YVON (Mme), 1892. Objets d'art et ameublement, 27 pl. pet. in-fol. 15 fr.

A.... (Mme), 1896. Objets d'art, 3 pl. gr. in-8.   2 fr.

A... A..., 1891. Tableaux modernes, 10 pl. gr. in-8.   4 fr.

CH. (Mlle de), 1896. Objets d'art, 6 pl. gr. in-8.   3 fr.

C... et de L..., 1891. Objets d'art et d'ameublement, 5 pl. in-8.   3 fr.

L..., 1892. Tableaux modernes, 6 pl. gr. in-8.   2 fr.

L..., 1895. Tableaux, 7 pl. gr. in-8. 3 fr.

O. et vicomte de B. 1894. Meubles et bronzes, 19 pl. in-4.   6 fr.

V..., 1892. Tableaux modernes, 19 pl. in-4.   6 fr.

**Et de Livres anciens et modernes**

X*** (M^me), 1892. Tableaux et objets d'art, 14 pl. in-4.     5 fr.

X..., 1895. Tableaux, 10 pl. in-4. 4 fr.

ANONYME, 1887. Tapisseries, 9 pl. in-4.     4 fr.

AMATEUR (un), 1890. Tableaux modernes, 9 pl. in-4.     4 fr.

ANONYME, 1891. Tableaux anciens, 15 pl. in-8.     3 fr.

ANONYME, 1892. Tableaux, 5 pl. in-4.     2 fr.

ANONYME, 1893. Tableaux, 16 pl. gr. in-8.     4 fr.

AMATEUR (un) 1894. Tableaux, 13 pl. in-4.     4 fr.

ANONYME, 1894. Faïences, 9 pl. in-8.     3 fr.

EXPOSITION faite à Londres en 1893, chez Lawrie, 30 pl. pet. in-fol. 12 fr.

**1029. Cervantes.** Histoire de l'admirable don Quichotte de la Manche, traduite de l'espagnol (traduction de Filleau de Saint-Martin). *Amsterdam et Leipzig, Arkstée et Merkus*, 1768; 6 vol. in-12, demi-rel. dos et coins de mar. brun, tête dor., *non rognés*.     50 fr.

> Portrait de l'auteur et figures gravés par *Folkema*.

**1030. Chabouillet.** Description des antiquités et objets d'art composant le cabinet de M. Louis Fould. *Paris, Claye*, 1861; in-fol., br. 20 fr.

> Ouvrage tiré à 300 exemplaires et orné de 39 planches gravées en taille-douce par *Varin*.

**1031. Chasse (La)** aux Bibliographes et Antiquaires mal-avisés, par un des élèves de M. l'abbé Rive. (Par l'abbé Jean-Joseph Rive lui-même). *Londres, N. Aphobe*, 1788-1789; 2 tomes en 1 vol. in-8, veau marbr., dos orné. (*Rel. anc.*) 30 fr.

> Ouvrage très rare.

**1032. Chassin** (Ch.-L.). La Préparation de la Guerre de Vendée. 1789-1793. *Paris, Paul Dupont*, 1892; 3 vol. in-8, br.     21 fr.

**1033. Chassin** (Ch.-L.). La Vendée patriote. 1793-1800. *Paris, Paul Dupont*, 1893-1895; 4 vol. in-8, br.     28 fr.

**1034. Chateauterne** (De). Itinéraire de Pantin au Mont-Calvaire, ou lettres inédites de Chactas à Atala. Ouvrage écrit en style brillant. *Paris, Dentu*, 1811; in-8, cart., *non rogné*.     6 fr.

**1035. Chatauvillard.** Essai sur le Duel. *Paris, Bohaire*, 1836; in-8, demi-rel. chagrin rouge, plats toile.     35 fr.

> Code du duel dont les préceptes font toujours loi. — Envoi sur le faux-titre.

**1036. Chavette** (Eugène). Les Petites Comédies du Vice. *Paris, Marpon et Flammarion*, 1879; in-8, br., couv. ill.     15 fr.

> Exemplaire sur PAPIER VERGÉ illustré de 8 eaux-fortes de *Benassit*.

**1037. Chesney** (Charles). Étude de la campagne de 1815. Waterloo. *Bruxelles et Paris*, 1870; in-8, carte, br.     4 fr.

**1038. Chevræana.** *Paris, Florentin et Pierre Delaulne*, 1697; in-12, veau fauve, dos orné, fil. (*Rel. anc.*).     20 fr.

> Cette ÉDITION ORIGINALE a été publiée par Urbain Chevreau lui-même. Elle renferme nombre de pensées délicates que l'on ne trouve pas toujours dans ces sortes de recueils.
> Bel exemplaire.

**1039. Clermont-Gallerande** (Marquis de). Mémoires particuliers pour servir à l'histoire de la Révolution qui s'est opérée en France en 1789. *Paris, Dentu*, 1826; 3 vol. in-8, br.     20 fr.

**1040. Cohen** (Henry). Guide de l'Amateur de livres à vignettes du XVIIIe siècle. *Paris, Rouquette*, 1870; in-8, br., couv.     12 fr.

> Première édition. L'un des 15 exemplaires sur PAPIER DE CHINE.

**1041. Collection** des Mémoires relatifs à la Révolution Française. *Paris, Baudouin*, 1821-1824; 8 vol. in-8, demi-rel. veau bleu, dos orné, *non rognés*.     50 fr.

> Mémoires de M^me Roland, 2 vol. — Mémoires sur la vie privée de Marie-Antoinette, par M^me Campan, 3 vol. — Mémoires de M^me la Marquise de Bonchamps, rédigés par M^me la Comtesse de Genlis et Mémoires de M^me la marquise de la Rochejacquelin. — Mémoires sur la Convention et le Directoire, par A.-C. Thibaudeau, 2 vol.

**1042. Collection Dutuit.** Souvenir de l'exposition de M. Dutuit. *Paris*, 1869; pet. in-4, br.     25 fr.

> Cette exposition d'une partie de la célèbre collection de M. Dutuit, de Rouen, fut faite au palais de l'Industrie, à Paris.
> Catalogue sur PAPIER VERGÉ illustré de

**Achat de Bibliothèques**

3i planches à l'eau-forte, en héliogravure et en chromolithographie, et reproduisant des tableaux, estampes, reliures, porcelaines, faïences, poteries antiques, etc.

**1043. Combat (Le)** de trente Bretons contre trente Anglois, publié d'après le manuscrit de la bibliothèque du Roi, par G.-A. Crapelet. *Paris, Crapelet,* 1835 ; in-8, br. 25 fr.

Frontispice et armoiries des 30 chevaliers bretons.

**1044. Contes** (Les) des Fées par Mme D*** (d'Aulnoy). *Paris, Compagnie des libraires,* 1757 ; 4 vol. in-12, veau marbré. 15 fr.

**1045. Couffon de Kerdellech.** Recherches sur la chevalerie du duché de Bretagne. *Nantes, Vincent Forest,* 1877 ; 2 vol. in-8, br. 15 fr.

**1046. Courcy** (Pol Potier de). Nobiliaire et armorial de Bretagne. 3e édition originale, revue, corrigée et augmentée. *Rennes, Plihon et Hervé,* 1890 ; 3 vol. in-4, br. 50 fr.

Excellent ouvrage sur la noblesse bretonne.

**1047. Coville** (Alfred). Les Etats de Normandie, leurs origines et leur développement au XIVe siècle. *Paris, Impr. nationale,* 1894 ; gr. in-8, br. 12 fr.

**1048. Crébillon** fils. Lettres de la Marquise de M*** au Comte de R*** (Par C.-P. Jolyot de Crébillon fils). *S. l.,* 1732 ; 2 vol. in-12, veau fauve, dos orné (*Rel. anc.*). 15 fr.

Exemplaire du maréchal de ROHAN-SOUBISE.

**1049. Crevier.** Histoire de l'université de Paris, depuis son origine jusqu'en l'an 1600. *Paris, Desaint et Saillant,* 1761 ; 7 vol. in-12, veau fauve, dos orné (*Rel. anc.*). 30 fr.

Exemplaire du maréchal de ROHAN-SOUBISE.

**1050. Darcel** et Henri **Delange.** Recueil de Faïences italiennes des XVe, XVIe et XVIIe siècles, dessiné par MM. Carle Delangle et C. Borneman et accompagné d'un texte par M. A. Darcel et M. Henri Delange. *Paris,* 1869 ; in-fol., demi-rel. dos et coins de mar. rouge, dos orné, tête dor., *non rogné.* 450 fr.

Splendide publication tirée à 300 exemplaires, composée d'un texte et de 100 planches en couleurs reproduisant les plus beaux spécimens des anciennes faïences italiennes.

Très bel exemplaire monté sur onglets.

**1051. Debure** (Guill.-Fr.). Catalogue des livres de la Bibliothèque de feu M. le Duc de la Vallière. *Paris, De Bure,* 1783 ; 3 vol. in-8, portr., veau, fil. (*Rel. anc.*). 25 fr.

**1052. Delafaye-Bréhier** (Mme Julie). Histoire des ducs de Bretagne racontée par un père à ses enfants. *Paris, Lehuby* (1851); in-8, br. 10 fr.

12 planches lithographiques, tirées en couleur, par *Bayalos.*

**1053. Delange.** Recueil de toutes les pièces connues jusqu'à ce jour, de la faïence française dite de Henri II et Diane de Poitiers, dessinées par Carle Delange, et publiées par Henri et Carle Delange. *Paris,* 1861 ; in-fol., demi-rel. dos et coins de mar. rouge, dos fleurdelisé, fil., tête dor., *non rogné (David).* 450 fr.

Bel exemplaire de souscription, de cet ouvrage très recherché et tiré seulement à 150, orné de 52 planches en couleurs. La pl. intitulée : « Biberon, Collection du prince Galitzin à Moscou », qui manque dans presque tous les exemplaires, se trouve dans celui-ci.

**1054. Delange.** Recueil de toutes les pièces connues jusqu'à ce jour de la faïence française dite de Henri II et Diane de Poitiers. *Paris,* 1861 ; in-fol., demi-rel. dos et coins de cuir de Russie, tête dor. 300 fr.

L'un des 150 exemplaires (n° 23) sur PAPIER VERGÉ illustré de 52 planches en couleurs. La pl. intitulée : Biberon, Collection du prince Galitzin à Moscou, manque.

**1055. Demoustier.** Lettres à Emilie sur la Mythologie. *Paris,* 1790-1799 : 6 vol. in-18, veau marbré, dos orné, tr. dor. (*Rel. anc.*). 25 fr.

18 figures de *Queverdo.*

**1056. Denon.** Point de lendemain. Conte (par Vivant Denon). *Paris, Leclerc,* 1861 ; in-8, br. 7 fr.

Réimpression tirée à très petit nombre de l'édition de 1777.

**1057. Deric.** Histoire ecclésiastique de Bretagne, par M. Deric. Deuxième édition. *Saint-Brieuc,* 1847 ; 2 vol. in-4, br. 40 fr.

PAPIER VERGÉ.

**1058. Dermoncourt** (Général). La

**Et de Livres anciens et modernes**

Vendée et Madame. *Bruxelles, J.-P. Méline,* 1833 ; in-18, br., couv. 3 fr.

**1059. Desbordes-Valmore** (M^me). Elégies et poésies nouvelles. *Paris, Ladvocat,* 1825 ; in-18, br. couv. 10 fr.

ÉDITION ORIGINALE. — Papier vergé.

**1060. Des Essarts.** Procès fameux extraits de l'essai sur l'histoire générale des tribunaux des peuples tant anciens que modernes. *Paris,* 1786 ; 8 vol. in-12, veau, dos orné (*Rel. anc.*). 20 fr.

**1061. Desnos** (Odolant). Mémoires historiques sur la ville d'Alençon et sur ses seigneurs, précédés d'une dissertation sur les peuples qui ont habité anciennement le duché d'Alençon et le comté du Perche. *Alençon, J.-Z. Malassis le jeune,* 1787 ; 2 vol. in-8, demi-rel. veau fauve, *non rognés.* 25 fr.

Bel exemplaire. Planches en noir et en couleurs.

**1062. Dictionnaire** de l'ancien Régime et des abus féodaux, ou les hommes et les choses des neufs derniers siècles de la monarchie française, par M. Paul D*** de P***. *Paris, P. Mongie,* 1820 ; in-8, br. 7 fr.

Ouvrage dirigé contre la féodalité.

**1063. Du Bouëtiez de Kerorguen.** Recherches sur les Etats de Bretagne, la tenue de 1736. *Paris, Dumoulin,* 1875 ; 2 vol. in-8, br. 12 fr.

**1064. Du Chatellier** (Paul). Les Epoques préhistorique et gauloise dans le Finistère. Inventaire des monuments de ce département. *Paris, Em. Lechevalier,* 1889 ; in-8, br. 4 fr.

Planches lithographiques.

**1065. Ducrest de Villeneuve** et **Maillet.** Histoire de Rennes. *Rennes, Ed. Morault,* 1845 ; in-4, br. 5 fr.

2 plans de l'ancienne ville de Nantes.

**1066. Du Guesclin.** Histoire de Messire Bertrand du Guesclin, connestable de France, duc de Molines, comte de Longueville et de Burgos, contenant les guerres, batailles et conquestes faites sur les anglois, espagnols, escrite l'an 1387. Nouvellement mise en lumière par M^e Claude Ménard. *Paris, Séb.*

*Mabre-Cramoisy,* 1618 ; in-4, veau fauve, fil. (*Rel. anc.*). 25 fr.

Traduction en prose d'une vieille Chronique en vers.
Bon exemplaire. Mouillures.

**1067. Dumont** (Etienne). Souvenirs sur Mirabeau et sur les deux premières Assemblées législatives. Ouvrage posthume publié par M. J.-L. Duval. *Paris, Gosselin,* 1832 ; in-8, demi-rel. veau. 5 fr.

**1068. Dumouriez** (Général). Mémoires du Général Dumouriez, écrits par lui-même. *Paris, librairie historique,* 1821 ; 2 vol. in-18, br. 3 fr.

**1069. Dupin** (Charles). Force militaire de la Grande Bretagne. *Paris, Bachelier,* 1820 ; 3 vol. in-4, demi-rel. cuir de Russie, tr. marb. 15 fr.

Bel exemplaire.

**1070. Dupuy** (Ant.). Histoire de la réunion de la Bretagne à la France. *Paris, Hachette,* 1880 ; 2 vol. in-8, br. 10 fr.

**1071. Du Tillet.** Recueil des roys de France, leurs couronne et maison ; ensemble, le rang des grands de France, par Jean du Tillet, sieur de la Bussière. Plus une chronique abrégée contenant tout ce qui est advenu, tant en fait de guerre, qu'autrement entre les roys et princes, republiques et potentats estrangers, par M. J. du Tillet, evesque de Meaux frères. *Paris, Barthelemy Macé,* 1602 ; in-4, demi-rel. dos et coins de mar. violet, dos orné, tête dor. (*Hering et Muller*). 100 fr.

Dans cette édition, la chronique a été continuée jusqu'en 1602 par l'anonyme L. S. D. F. D. G.: et renferme en outre le « Mémoire sur les libertez de l'Eglise gallicane par J. du Tillet ». Bel exemplaire. Cachet de bibliothèque sur le titre.

**1072. Estienne** (Henri). Apologie pour Hérodote ou traité de la conformité des merveilles anciennes avec les modernes. Nouvelle édition ; faite sur la première, augmentée de tout ce que les postérieures ont de curieux et de remarques par M^r Le Duchat. *La Haye, H. Scheurleer,* 1735 ; 2 tomes en 3 vol. in-12, front., veau marbré, dos orné, fil. (*Rel. anc.*). 30 fr.

**1073. État** (De l') de la France à la

fin de l'an VIII. (Par Alex.-Maurice Blanc d'Hauterive). *Paris, Henrichs, an IX* (1800); in-8, bas. 6 fr.

D'après Joseph de Maistre la plus grande partie de cet ouvrage serait due à Talleyrand.

**1074. État** de la Gaule au V<sup>e</sup> siècle, à l'époque de la conquête des Francs; extrait des mémoires d'Uribald. Ouvrage inédit et contenant des détails sur l'entrée des Francs dans la Gaule (par Fournel). *Paris, Rondonneau*, 1805 ; 2 vol. in-12, demi-rel. veau fauve. 6 fr.

**1075. Évangiles** (Les Saints). Traduction tirée des Œuvres de Bossuet, par M. H. Wallon. *Paris, Hachette et C<sup>ie</sup>*, 1873 ; 2 vol. in-fol., mar. rouge, dos orné, comp. de fil., milieux, tr. dor. 400 fr.

Magnifique publication : l'un des plus beaux livres publiés au XIX<sup>e</sup> siècle, illustré d'un très grand nombre de compositions de *Bida*, gravées par *Hédouin, Bracquemond, Nanteuil, Flameng, Veyrassat* et autres, et d'une multitude de lettres ornées, d'en-têtes et de culs-de-lampe déssinés par *Rossigneux.*

**1076. Félibien.** Entretiens sur les vies et sur les ouvrages des plus excellens peintres anciens et modernes. *Paris, E. Ducastin*, 1690; 2 vol. in-4, veau granit, dos orné (*Rel. anc.*). 25 fr.

Bel exemplaire.

**1077. Félicité** (De la), publique ou considération sur le sort des hommes dans les différentes époques de l'histoire. (Par Fr. Jean de Chastellux). Seconde édition, augmentée. *Bouillon*, 1776 ; 2 vol. in-8, veau marbré, dos orné (*Rel. anc.*). 8 fr.

**1078. Fielding.** Histoire de Tom Jones, ou l'Enfant trouvé, traduction de l'anglois de M. Fielding. Par M. D. L. P. (de La Place). *Londres, J. Nourse,* 1750 ; 4 vol. in-12, veau fauve, dos orné (*Rel. anc.*). 30 fr.

Frontispice et 15 figures de *Gravelot* gravés par *Aveline, Chédel, Fessard* et *Pasquier.*

**1079. Foucault** (Abbé M.). Documents sur Château-Gontier, première baronnie de la province d'Anjou. *Laval*, 1883 ; in-8, br. 4 fr.

**1080. Fouque.** Fastes de la Provence ancienne et moderne, par M. Fouque. Edition enrichie de 20 gravures, par M. Véran. *Marseille*, 1837 ; 3 vol. in-8, fig., demi-rel. 10 fr.

**1081. Fouque** (Eugène). Moustiers et ses faïences. *S. l. n. d. (Aix)*; in-8, pl., br. 4 fr.

**1082. Fournier** (Henri). Traité de la Typographie. *Tours, A. Mame et fils*, 1870 ; in-8, br., couv. 25 fr.

Belle édition, tirée à cinquante exemplaires sur PAPIER DE HOLLANDE.

**1083. Frœhner** (W.). La Verrerie antique. Description de la collection Charvet. *Le Pecq, J. Charvet, château du Donjon*, 1879 ; gr. in-fol. monté sur onglets, demi-rel. dos et coins de mar. brun, tête dor., *non rogné.* 275 fr.

34 planches en chromolithographie. Bel exemplaire.

**1084. Généalogie** de la maison de Cornulier autrefois de Cornillé en Bretagne. *Nantes, impr. Charpentier*, 1863 ; in-8, pl., br. 6 fr.

L'Auteur de cette généalogique est, ainsi que cela est dit à la page 161, Ernest-François-Paulin-Théodore de Cornulier-Lucinière, ancien lieutenant de vaisseau. En tête du volume on a ajouté une lettre autographe relative à une question généalogique.

Cet ouvrage n'a pas été mis dans le commerce.

**1085. Girard** (B.). La Bretagne maritime. *Rochefort-sur-Mer*, 1889 ; in-8, br. 6 fr.

**1086. Gorani** (Jean). Mémoires secrets et critiques des cours, des gouvernemens et des mœurs des principaux Etats de l'Italie. *Paris, Buisson*, 1793 ; 3 vol. in-8, bas., dos orné. 7 fr.

**1037. Gordon** (J.). Histoire d'Irlande depuis les temps les plus reculés jusqu'à l'acte d'union avec la Grande-Bretagne en 1801. Traduite de l'anglais par Pierre Lamontagne. *Paris*, 1808 ; 3 vol. in-8, veau, dos orné, dent. (*Rel. anc.*). 6 fr.

**1088. Grégoire** (L.). La Ligue en Bretagne. *Paris et Nantes*, 1856 ; in-8, br. 4 fr.

**1089. Grille.** Autographes de savants et d'artistes, de connus et d'inconnus, de vivants et de morts, mis aux vents par François Grille, avec annotations, gloses, commentaires. *Paris, Ledoyen*, 1853 ; 2 vol. gr. in-12, br. 12 fr.

**Et de Livres anciens et modernes**

**1090. Grille** (François). Miettes littéraires, biographiques et morales, livrées au public avec des explications. *Paris, Ledoyen,* 1853 ; 3 vol. in-12, br.    7 fr.

 Mouillures.

**1091. Grimod de la Reynière.** Manuel des Amphitryons contenant un traité de la dissection des viandes à table, la nomenclature des menus les plus nouveaux pour chaque saison et des élémens de politesse gourmande. *Paris, Capelle et Renand,* 1808 ; in-8, demi-rel. bas.    12 fr.

 Figures en taille-douce.

**1092. Grosley** (P.-J.). Œuvres inédites. Edition originale ornée du portrait de l'auteur, augmentée d'articles biographiques par L.-M. Patris-Debreuil. *Paris, impr. de C.-F. Patris,* 1812 ; 3 vol. in-8, veau racine, dos orné (*Rel. anc.*). 6 fr.

**1093. Gruel.** Histoire d'Artus III, duc de Bretaigne et connestable de France contenant ses mémorables faicts depuis l'an 1413 jusqu'en l'an 1457 (par Guill. Gruel). De nouveau mise en lumière par Théodore Godefroy. *Paris, Abr. Pacard,* 1622 ; in-4, veau.  25 fr.

 Rare volume. — Mouillures.

**1094. Guénard** (Mme). Histoire de Madame Elisabeth, sœur de Louis XVI. *Paris, Lerouge,* 1802 ; 3 vol. in-12, fig., br.    8 fr.

 Taches.

**1095. Guérin de la Grasserie.** Armorial de Bretagne contenant les noms et prénoms des familles bretonnes qui ont obtenu des arrêts de la Chambre de réformation établie à Rennes de 1668 à 1671, la date des anciennes reformations et l'origine connue de ces familles ; des familles maintenues jusqu'en 1789 ; des familles anoblies sous l'Empire et la Restauration jusqu'en 1830. Par P.-A. Guérin de la Grasserie. *Rennes, Deniel,* 1845-1848 ; 2 vol. in-4, en 68 livraisons.    80 fr.

 Bel armorial illustré de 132 planches donnant la reproduction en chromo-lithographie de plus de 2,000 blasons de familles bretonnes.
 Exemplaire dans ses couvertures de publication.

**1096. Guérinière** (Joseph). Histoire générale du Poitou. *Poitiers, Fradet,* 1838-1840 ; 2 vol. in-8, br. 8 fr.

**1097. Guiffrey** (J.-J.). L'Œuvre de Ch. Jacque. Catalogue de ses eaux-fortes et pointes-sèches dressé par J.-J. Guiffrey. *Paris, Lemaire,* 1866 ; in-8, br.    10 fr.

 Ouvrage orné d'une eau-forte. Rare.

**1098. Haython.** L'Histoire merveilleuse plaisante et récréative du grand Empereur de Tartarie, seigneur des Tartres, nommé le grand Can. Contenant six livres ou parties... *On les vend à Paris, pour Jehan S. Denys.* ( A la fin : ) *Imprimée nouvellement à Paris en l'an* 1529, *le quinziesme jour du mois d'apvril pour Jehan Sainct Denys, libraire demeurant en la rue Neufve Nostre Dame a l'enseigne Sainct Nycolas,* pet. in-fol. goth. de 4 ff. lim. et 82 ff. chiffr., mar. citron, dos orné, dent., tr. dor. (*Rel. anc.*)   1,200 fr.

 Première et très rare édition de cette chronique du règne de Gengis-Kan et de ses successeurs. Le début du texte donne les noms de l'auteur et du traducteur : « ...et fut ce traicte premierement « faict en latin par tres noble et tres hault « homme monsieur Ancoyne, seigneur de « Courcy, chevalier et nepveu du roy « d'Armenie... et fut ce livre translaté de « latin en françoys par frère Jehan de « Longdit, né de Ippre, moyne de l'abbaye « de S. Bertin en sainct Omer ».
 L'ouvrage est illustré d'un encadrement de titre, de 2 grandes figures et de 4 petites, gravés sur bois et enluminés anciennement.
 Très bel exemplaire aux armes d'Adrien de la Vieuville de Wignacourt, grand prieur de Champagne de l'ordre de Malte.

**1099. Histoire** de Mélusine, nouvellement imprimée et corrigée. *Troyes, Garnier, s.d.* ; in-4, br. 10 fr.

**1100. Histoire** des Ducs de Bretagne. *Paris, Clousier,* 1739 ; 6 vol. in-12, veau.    35 fr.

 Le titre général ci-dessus ne se trouve que sur les faux-titres. Cet ouvrage comprend :
 *Tomes I. II.* Histoire des ducs de Bretagne. La dédicace est signée : P. Fr. Guyot-Desfontaines.
 *Tomes III. IV.* Histoire particulière de la Ligue en Bretagne. (Par de Rosvinien, retouchée et rédigée par l'abbé Desfontaines.)
 *Tomes V. VI.* Dissertation historique sur l'origine des Bretons. (Par J. Galet, curé de Compan.)

### Achat de Bibliothèques

1101. **Histoire** des imaginations extravagantes de M. Oufle, servant de préservatif contre la lecture des livres qui traitent de la magie, du grimoire, etc. *Paris, Duchesne,* 1754 ; 5 part. en 2 vol. in-12, demi-rel. chagr. rouge, dos orné, tr. marbr.          20 fr.

> Ouvrage enrichi de nombreuses figures. L'une d'elles représente le Sabbat. Bel exemplaire.

1102. **Histoire** des inaugurations des Rois, Empereurs, et autres souverains de l'univers ; depuis leur origine jusqu'à présent. Par M.*** ( Dom Charles-Jos. Bévy ). *Paris, Moutard,* 1776 ; in-8, veau marbr.          20 fr.

> Nombreuses et jolies planches de costumes de toutes les époques gravées en taille-douce.

1103. **Histoire** des Nobles, prouesses et vaillances de Gallien Restauré. *Troyes, J. Oudot, s. d. ;* in-4, br.          10 fr.

> Figure sur bois.

1104. **Histoire** des Sociétés secrètes de l'armée, et des conspirations militaires qni ont eu pour objet la destruction du gouvernement de Bonaparte. *Paris, Gide et Nicolle,* 1815 ; in-8, br.          7 fr.

> Ouvrage rédigé en collaboration par Nodier, Rigomer-Bazin, Didier (de Grenoble) et Lemare.

1105. **Huart** (Louis). Quand on a vingt ans. Histoire de la rue Saint-Jacques. *Paris, A. Ledoux,* 1834 ; in-8, demi-rel. veau bleu, dos orné.          5 fr.

> Vignette de *Boisselat.*

1106. **Huetiana**, ou pensées diverses de M. Huet, evesque d'Avranches. *Paris, Jacques Estienne,* 1722 ; in-12, veau fauve, dos orné, fil. (*Rel. anc.*)          20 fr.

> Bel exemplaire de J.-J. de BURE.

1107. **Jésuites.** Rerum a societate Jesu in Oriente gestarum volumen. In quo hæc ferme continentur : de rebus indicis ad annum usque a deipara Virgine 1568... de Japonicis rebus, etc. *Neopoli, apud Hor. Salvianum,* 1573 ; in-4, mar. rouge, dos orné, fil., tr. dor. (*Rel. anc.*)          160 fr.

> Bel exemplaire aux armes de LOMÉNIE DE BRIENNE.

1108. **Juvénal des Ursins** (Jean). Histoire de Charles VI, roy de France, et des choses mémorables advenues de son règne, dès l'an 1380 jusques en l'an 1422. Mise en lumière par Théodore Godefroy. *Paris, Abraham Pacard,* 1614 ; in-4, veau,          15 fr.

1109. **Keepsake breton.** *Rennes, Marteville,* 1832 ; in-8 de 120 pp., br., couv.          10 fr.

> Première année publiée avec la collaboration Amand, de J. Bernard, Boulay-Paty, Chateaubriand, Desbarres, Ducrest de Villeneuve, Duval, Fontan, Fulgence Girard, Goubert, Kératry, Lamennais, Letellier, Hipp. Lucas. Ménard, Elisa Mercœur, Souvestre, et Turquety.

1110. **Kératry** (Comte E. de). Armée de Bretagne. 1870-1871. Dépositions devant les Commissions d'enquête de l'assemblée nationale. *Paris, Lacroix,* 1873 ; in-8, carte, br.          3 fr.

1111. **Krudener** (Mme de). Valérie. Préface de Parisot. Eaux-fortes de M. Leloir. Variantes et bibliographie. *Paris, Quantin,* 1878 ; in-8, portr. et fig., mar. olive, dos orné, fil., tête dor., éb. (*Chambolle-Duru*).          50 fr.

> Texte encadré d'un filet rouge. Bel exemplaire.

1112. **La Bigne Villeneuve** (Paul de). Cartulaire de l'abbaye de Saint-Georges de Rennes. *Rennes, imp. Catel,* 1876 ; in-8, br.          8 fr.

> 3 planches lithographiques.

1113. **La Borderie** (Arthur de). Essai sur la Géographie féodale de la Bretagne, avec des fiefs et seigneuries de cette province. *Rennes, Plihon et Hervé,* 1889 ; gr. in-8, br.          5 fr.

1114. **Lafitte.** Description de l'Arc de triomphe de l'Etoile, et des bas-reliefs dont ce monument est décoré. *Paris, Nicolle,* 1810 ; in-8 oblong, demi-rel. vélin.          8 fr.

> Projet du monument qui ne fut élevé que plus tard.

1115. **Lafitte** (Jacques). Souvenirs, racontés par lui-même. *Bruxelles,* 1844 ; 2 vol. in-12, br.          10 fr.

1116. **La Force** (Mlle de). Histoire de Marguerite de Valois, Reine de Navarre. *Paris, impr. Didot l'aîné,* 1783 ; 6 vol. in-18, br.          30 fr.

**Et de Livres anciens et modernes**

**1117. Laharpe** (Jean-François). Du Fanatisme dans la langue révolutionnaire ou de la persécution suscitée par les Barbares du XVIII<sup>e</sup> siècle, contre la religion chrétienne et ses ministres. *Paris, Migneret,* 1797 ; in-8, bas.    5 fr.

On a relié à la suite : La Religion vengée. poème en dix chants (par le cardinal de Bernis). Paris et Strasbourg, 1796, portr. sur le titre.

**1118. Lally-Tollendal** (Comte de). Mémoires de M. le Comte de Lally-Tollendal ou seconde lettre à ses commettans. *Paris, Desenne,* 1790 ; in-8, cart., *non rogné.*    4 fr.

**1119. Lamarque** (Maximilien). Mémoires et souvenir du Général M. Lamarque publiés par sa famille. *Bruxelles, Méline,* 1835 ; 2 vol. in-18, br.    18 fr.

**1120. La Motte** (Houdart de). Fables nouvelles dédiées au roy. Par M. de la Motte. Avec un discours sur la fable. *Paris, Dupuis,* 1719 ; in-4, veau marbré, dos orné (*Rel. anc.*).    40 fr.

Charmantes figures à mi-page gravées en taille-douce d'après *Gillot, Coypel* et *Picart.* Bonnes épreuves.

**1121. Langlæus.** Jani Langlæi regii in senatu britanniæ celticæ consiliarii Otium semestre. *Rhedonis, Julian du Clos typ., Petr. le Bret bibliopolæ,* 1577 ; pet. in-fol., veau granit, dos orné, double rangée de fil.    100 fr.

Bel exemplaire.

**1122. La Rochefoucauld** (Duc de). Maximes et Réflexions morales. *Paris, J.-J. Blaise,* 1814 ; in-8, cart., *non rogné.*    12 fr.

Portrait de l'auteur gravé d'après *Petitot* par *P.-P. Choffard.*

**1123. La Serna Santander** (C. de). Dictionnaire bibliographique choisi du quinzième siècle, ou description par ordre alphabétique des éditions les plus rares et les plus recherchées du quinzième siècle. *Paris, Tilliard,* 1805-1807 ; 3 vol. in-8, veau marbré, dos orné. 25 fr.

Excellent ouvrage de bibliographie.

**1124. Laurent** (Ch.-M.). Histoire de la Bretagne républicaine depuis 1789 jusqu'à nos jours. *Paris,* 1875 ; in-8, br.    3 fr.

**1125. Lecanu** (l'abbé). Histoire du diocèse de Coutances et Avranches depuis les temps les plus reculés jusqu'à nos jours, suivie des actes des Saints. *Coutances,* 1877-1878 ; 2 vol. in-4, br.    12 fr.

**1126. Le Claire** (l'abbé). L'Ancienne paroisse de Carentoir. Orné de plusieurs gravures et d'une carte. *Vannes, Lafolye,* 1895 ; in-8, br. 4 fr.

**1127. Le Grand** (Albert). Les Vies des Saints de la Bretagne-Armorique par Fr. Albert le Grand de Morlaix. Avec des notes par M. Daniel-Louis Miorcec de Kerdanet. *Brest et Paris,* 1837 ; in-4, br. 10 fr.

**1128. Le Moyne** (Pierre). Saint Louys ou la sainte couronne reconquise. Poème héroïque par le P. Pierre le Moyne. *Paris, L. Bilaine,* 1666 ; in-12, vélin, dos orné, dent. en coul., tr. dor.    20 fr.

Frontispice et 18 figures de *F. Chauveau.*

**1129. Lenfant.** Mémoires ou correspondance secrète du Père Lenfant, confesseur du Roi, pendant les années 1790, 1791 et 1792, (avec une notice par M. P. Lacroix). *Bruxelles, Méline,* 1834 ; 2 vol. in-18, br.    10 fr.

**1130. Le Noir** (Philippe). Histoire ecclésiastique de Bretagne depuis la Réformation jusqu'à l'édit de Nantes, par Philippe le Noir, sieur de Crevain, pasteur de l'église réformée de Blain. Ouvrage publié par B. Vaurigaud. *Paris et Nantes,* 1851 ; in-8, br.    6 fr.

Histoire du protestantisme en Bretagne.

**1131. Léonard de Vinci.** Traité élémentaire de la Peinture. Nouvelle édition, revue, corrigée et augmentée de la vie de l'auteur. *Paris, Deterville,* 1803; in-8, br. 8 fr.

Ouvrage orné de 58 figures d'après les dessins originaux du *Poussin* dont 34 en taille-douce.

**1132. L'Estourbeillon** (Régis de). La Noblesse de Bretagne. Notices historiques et généalogiques par le Cte Régis de l'Estourbeillon. Précédées d'une introduction par le Vte de Lisle. *Vannes, impr. Lafolye.* 1891-1895 ; 2 vol. in-4, br. 20 fr.

Nombreux blasons dans le texte. — PAPIER VERGÉ.

**Achat de Bibliothèques**

**1133. Lettres** de M<sup>mes</sup> de Villars, de La Fayette, de Tencin, de Coulanges, de Ninon de l'Enclos et de Mlle Aïssé. Accompagnées de notices biographiques, de notes explicatives, et de la Coquette vengée, par Ninon de l'Enclos. *Paris, L. Collin,* 1806 ; 3 vol. in-12, bas., dos orné. 8 fr.

**1134. Levot** (P.). Biographie bretonne. Recueil de notices sur tous les bretons qui se sont fait un nom... *Vannes et Paris,* 1852-1857 ; 2 vol. in-4 à 2 col., br. 20 fr.

**1135. Liger.** La nouvelle Maison Rustique ou économie générale de tous les biens de la Campagne, etc. Troisième édition, revue, corrigée, augmentée, mise en meilleur ordre par M. *** (H. Besnier). *Paris, Prudhomme,* 1721 ; 2 vol. in-4, veau. 35 fr.

Intéressantes figures en taille-douce, relatives aux occupations champêtres.

**1136. Longueruana,** ou recueil de pensées, de discours et de conversations de feu M. Louis du Four de Longuerue. *Berlin,* 1754 ; 2 vol. in-12, veau fauve, dos orné, fil. (*Rel. anc.*). 15 fr.

Bel exemplaire.

**1137. Luco** (l'abbé). Pouillé historique de l'ancien diocèse de Vannes. Bénéfices séculiers. *Vannes, impr. Galles,* 1884 ; in-8, br. 10 fr.

**1138. Luzel** (F.-M.). Sainte Tryphine et le Roi Arthur, mystère breton, en deux journées et huit actes, texte revu et corrigé d'après d'anciens manuscrits par M. l'abbé Henry. *Quimperlé, Th. Clairet,* 1863 ; in-8, br., couv. 3 fr.

Ouvrage en dialecte breton avec traduction française en regard.

**1139. Maître** (Léon). Dictionnaire topographique du département de la Mayenne comprenant les noms de lieu anciens et modernes. *Paris, impr. nationale,* 1878 ; in-4. 12 fr.

PAPIER VERGÉ.

**1140. Mareschal** (A.-A.). Iconographie de la Faïence. Dictionnaire illustré de planches. *Paris, Liepmannssohn,* 1875 ; in-8, br. 7 fr.

Planches en couleur d'après des dessins inédits.

**1141. Matanasiana,** ou mémoires littéraires, historiques et critiques, du docteur Matanasius S. D. L. R. G. *La Haye, Charles le Vier,* 1740 ; 2 tomes en un vol. in-12, veau fauve, dos orné, fil. (*Rel. anc.*). 15 fr.

Cet ouvrage que l'on considère comme étant de Thémiseul-Saint-Hyacinthe, fut d'abord publié sous le titre de « Mémoires littéraires ».
Bel exemplaire.

**1142. Maupeou.** Journal historique de la Révolution opérée dans la Constitution de la Monarchie françoise. *Londres,* 1774-1775 ; 7 tomes en 3 vol. in-12, bas. 15 fr.

**1143. Mémoires** anecdotes pour servir à l'histoire de la maison de Bourbon, depuis son avènement au trône jusqu'à la fin du règne de Louis XV, ou galerie de l'ancienne cour comprenant les règnes de Henri IV, Louis XII, Louis XIV et Louis XV. *S. l.,* 1792 ; 8 vol. in-12, bas., dos orné. (*Rel. anc.*). 20 fr.

**1144. Mémoires** concernant la campagne des trois Rois faite en l'année 1692. Avec des réflexions sur les efforts que fait Louis XIV pour venir à bout de ses dessins, le roi Jaques pour remonter sur le trône et ce que les alliez doivent faire pour s'y opposer. *Cologne, Pierre Marteau,* 1693 ; pet. in-12, mar. rouge à grains long, fil., *non rogné.* (*Rel. anc.*). 20 fr.

Exemplaire de la bibliothèque de PIXÉRÉCOURT.

**1145. Mémoires** de la Société archéologique du département d'Ille-et-Vilaine. *Rennes,* 1862-1867 ; 5 vol. in-8, br. 20 fr.

5 premières années : 1861 à 1865.

**1146. Mémoires** et souvenirs d'un Pair de France, ex-membre du Sénat conservateur. *Paris,* 1840 ; 3 vol. in-8, cart. toile, *non rognés.* 12 fr.

Les trois premiers volumes (sur 4).
Cet ouvrage, attribué au comte J.-P. Fabre (de l'Aude), est dû en réalité à la collaboration du baron de Lamothe-Langon, Guillemard et l'Héritier (de l'Ain).

**1147. Mémoires** sur la cour de Louis Napoléon et sur la Hollande. *Paris, Ladvocat,* 1828 ; in-8, br. 8 fr.

Ces mémoires sont dus à Louis Garnier, chef du garde-meuble de Louis Bonaparte.

1148. **Mémoires** sur la révolution de la Pologne trouvés à Berlin. (Par Pistor.) *Paris, Galland,* 1806 ; in-8, bas., dos orné.    3 fr.

1149. **Millot** (abbé). Mémoires politiques et militaires, pour servir à l'histoire de Louis XIV et de Louis XV, composés sur les pièces originales recueillies par Adrien-Maurice, duc de Noailles. *Paris, Moutard,* 1777 ; 6 vol. in-12, basane, dos orné, tr. marbr.    20 fr.

1150. **Mirabeau.** Elégies de Tibulle. *Paris,* 1798 ; 3 vol. in-8, veau marbré, dos orné. (*Rel. anc.*). 15 fr.
     14 figures d'après *Borel.*

1151. **Mirabeau** (Honoré-Gabriel Riquetti, comte de). De la Monarchie prussienne, sous Frédéric le Grand ; avec un appendice contenant des recherches sur la situation actuelle des principales contrées de l'Allemagne. *Londres (Paris, Lejay),* 1788 ; 8 vol. in-8 et atlas in-fol., mar. rouge, dos orné, dent., tr. dor. (*Rel. anc.*).    40 fr.
     Cet ouvrage traite des moyens auxquels la maison de Brandebourg dut son élévation, de la géographie, des productions, des manufactures, du commerce et de l'état militaire de la Prusse.
     L'atlas est relié en basane.

1152. **Montgaillard** (R. de). Mémoire concernant la trahison de Pichegru, dans les années 3, 4 et 5, et dont l'original se trouve aux archives du gouvernement. *Paris, Impr. de la République, an XII* (1804); in-8, veau.    3 fr.

1153. **Naudæana** et **Patiniana,** ou singularitez remarquables prises des conversations de MM. Naudé et Patin. *Paris, Fl. et Pierre Delaulne,* 1701 ; in-12, veau fauve, dos orné, fil. (*Rel. anc.*).    15 fr.
     Bel exemplaire.

1154. **Nogaret** (Félix). Œuvres. *Paris,* 1805-1814 ; 15 vol. in-12, fig., cart.    45 fr.
     La terre est un animal. — Contes en vers, 2 vol. — L'Aristenète français, 3 vol. — Le Fond du sac renouvelé, 3 vol. — Podalire et Dirphé, 2 vol. — Le Retour à la sagesse. — Le Félix ou l'enfant posthume. — Apologues et nouveaux contes en vers. — Nouveaux contes en vers.
     On y joint un cahier manscrit de 16 pp. de l'auteur intitulé : « *Complément de Elégie d'Ovide* » à joindre au Fond du sac.

1155. **Norvins.** Histoire de Napoléon. *Paris, Furne,* 1838 ; 4 vol. in-8, br., couv.    20 fr.
     56 vignettes, portraits, cartes et plans de batailles.

1156. **Nougaret** (P.-J.-B.). Histoire des Prisons de Paris et des départemens ; contenant des mémoires rares et précieux. *Paris, Courcier,* 1797 ; 4 vol. in-12, demi-rel. veau. 15 fr.
     Ouvrage orné de 8 figures, par *Blanchard.*

1157. **Ogée.** Dictionnaire historique et géographique de la province de Bretagne, par Ogée. Nouvelle édition, revue et augmentée par MM. A. Marteville et P. Varin. *Rennes, Molliex,* 1843-1853 ; 2 vol. in-4 à 2 col., br.    15 fr.

1158. **Parmentier.** Recherches sur les Végetaux nourissans, qui dans les temps de disette peuvent remplacer les alimens ordinaires. Avec de nouvelles observations sur la culture de la pomme de terre, par M. Parmentier. *Paris, impr. royale,* 1781 ; in-8, veau marbr., dos orné (*Rel. anc.*).    20 fr.
     C'est dans cet ouvrage que Parmentier démontra victorieusement l'innocuité de la pomme de terre et en conseilla l'usage comestible.
     Exemplaire aux armes du prince de CONDÉ, gouverneur de Bourgogne. Le blason de ce prince est posé en cœur des armoiries de la province qu'il administrait alors.

1159. **Parran** (A.). Romantiques éditions originales, vignettes, documents inédits ou peu connus. Honoré de Balzac. *Paris, Rouquette,* 1881 ; gr. in-8, br.    10 fr.
     Figure de *Tony Johannot,* gravée par *Porret.* Exemplaire sur GRAND PAPIER VERGÉ (n° 1).

1160. **Parrhasiana** ou pensées diverses sur des matières de critique, d'histoire, de morale et de politique, par Théodore Parrhase. *Amsterdam, les hérit. d'Antoine Schelte,* 1699 ; in-12, veau fauve, dos orné, fil. (*Rel. anc.*).    10 fr.
     Bel exemplaire.

1161. **Péan** (Armand). Parcs et Jardins. Résumé des notes d'un praticien. *Paris, Ern. Leroux,* 1878 ; gr. in-8, fig., br.    4 fr.

1162. **Peignot.** Amusements philo-

**Achat de Bibliothèques**

logiques, ou variétés en tous gen-res, par G.-P. Philomneste. *Dijon, Lagier*, 1842 ; in-8, br. 6 fr.

**1163. Peignot** (Gabriel). Bibliogra-phie curieuse ou notice raisonnée des livres imprimés à cent exem-plaires au plus, suivie d'une notice de quelques ouvrages tirés sur pa-pier de couleur. *Paris*, 1808 ; in-8, veau, dos orné, dent. 20 fr.

Ouvrage tiré à 100 exemplaires (n° 74).

**1164. Perroniana** et **Thuana**. Edi-tio tertia. *Coloniæ-Agrippinæ, apud Gerbrandum Scagen*, 1691 ; pet. in-12, veau fauve, dos orné, fil. (*Rel. anc.*). 12 fr.

Bel exemplaire.

**1165. Pezron** (Dom.-P.). Antiquité de la nation et de la langue des Celtes autrement appelés Gaulois. *Paris, G. Martin*, 1704 ; in-12, portr., demi-rel. veau fauve. 3 fr.

**1166. Piot** (Eug.). État-Civil de quel-ques artistes français extrait des registres des paroisses des ancien-nes archives de la ville de Paris. *Paris, Pagnerre*, 1873 ; gr. in-8, br., couv. 10 fr.

GRAND PAPIER VERGÉ tiré à 250 exem-plaires.

**1167. Plantin.** (Jean-Baptiste). Abré-gé de l'histoire générale de Suisse avec une description particulière du pays des Suisses, de leurs sujets, et de leurs alliés. *Genève, de Tour-nes*, 1666 ; in-8, veau, dos orné. 10 fr.

**1168. Poësies** (Les) du Roy de Na-varre (Thibault de Champagne), avec des notes et un glossaire français, précédées de l'histoire de Révolu-tions de la langue française, depuis Charlemagne jusqu'à Saint Louis. *Paris, Guérin*, 1742 ; 2 vol. in-12, veau fauve, dos orné (*Rel. anc.*). 15 fr.

**1169. Poggiana**, ou la vie, le ca-ractère, les sentences, et les bons mots de Pogge Florentin. Avec son histoire de la République de Flo-rence. *Amsterdam, Pierre Hum-bert*, 1720 ; 2 vol. in-12, portr., veau fauve, dos orné, fil. (*Rel. anc.*). 25 fr.

Bel exemplaire.

**1170. Pommereul** (Général de). Histoire de l'isle de Corse. *Berne,*

*Société typographique*, 1779 ; 2 vol. in-8, veau marbr., dos orné, fil., tr. dor. (*Rel. anc.*). 10 fr.

**1171. Quatrelles** (Lépine). Le che-valier Beau-Temps. Préface Alex-andre Dumas fils. Vignettes de Gustave Doré. *Paris, Pougin*, 1870 ; in-8, br. 7 fr.

**1172. Quellien.** (N.). Chansons et danses des Bretons. *Paris, Maison-neuve et Leclerc*, 1889 ; in-8, br. 4 fr.

**1173. Rayet** et **Collignon**. Histoire de la Céramique par Olivier Rayet et Maximes Collignon. *Paris, Geor-ges Decaux*, 1888 ; in-4, cart. toile, tr. dor. 25 fr.

16 planches hors texte et 145 figures in-sérées dans le texte.

**1174. Recueil** de Romans histori-ques. *Londres*, 1747 ; 4 vol. in-12, veau fauve, fil., tr. dor. 30 fr.

Le Connetable de Bourbon. — La Com-tesse de Montfort. — La princesse Portien. — Le Comte Dunois. — Histoire d'Ameno-polis. — Le comte d'Amboise. — Henri IV roi de Castille. — Marie d'Anjou. — Le duc de Guise.
Jolies vignettes de *de Sève*.

**1175. Reliures.** Histoire de la Bi-bliophilie, publiée par J. Techener père et Léon Techener fils et ac-compagnée de planches gravées à l'eau-forte par Jules Jacquemart. *Paris, J. Techener*, 1861 ; in-fol. en 10 livraisons. 120 fr.

Ces dix livraisons sont les seules pu-bliées, elles n'ont pas de texte, et renfer-ment 50 planches à l'eau-forte par *J. Jac-quemart*, reproduisant les plus beaux spécimens de reliures anciennes connues.

**1176. Rœderer** (P.-L.). L'Esprit de la Révolution de 1789. *Paris*, 1831 ; in-8, br. 3 fr.

**1177. Rosenzweig** (Louis). Cartu-laire général du Morbihan. Recueil de documents authentiques pour servir à l'histoire des pays qui forment ce département. *Vannes, Lafolye*, 1895 ; in-8, br. 5 fr.

Tome I seul.

**1178. Saint-Hilaire** (E.-M. de). Vie anecdotique de S. A. R. Ma-dame, duchesse de Berry, depuis sa naissance jusqu'à ce jour. *Paris, Séguin*, 1826 ; in-18, portr., br., couv. 7 fr.

**1179. Salgues** (J.-B.). Mémoire au Roi pour le Sr Joseph Lesurques, né à Douai, condamné à mort par le tribunal criminel du département de la Seine, et exécuté le 30 Octobre 1796, comme complice de l'assassinat du Courrier de Lyon. *Paris, J.-G. Dentu*, 1822 ; in-8, front., br. 　　　　　　　　　　　**10 fr.**

Très rare.

1180. **Santoliana** : ouvrage qui contient la vie de Santeuil, ses bons mots, son démêlé avec les jésuites, ses lettres, ses inscriptions, et l'analyse de ses ouvrages, par M. Dinouart. *Paris, Nyon*, 1764 ; in-12, veau fauve, dos orné, fil. (*Rel. anc.*). 　　　　　　　　　　**20 fr.**

1181. **Sarot** (E.). Des Tribunaux répressifs ordinaires de la Manche en matière politique pendant la première Révolution. *Coutances et Paris*, 1881-1882 ; 4 vol. in-8, br. 　　　　　　　　　　　**20 fr.**

1182. **Sauzay** et **Delange**. Monographie de l'Œuvre de Bernard Palissy, suivie d'un choix de ses continuateurs ou imitateurs. Dessinée par MM. Carle Delange et C. Borneman et accompagnée d'un texte par MM. Sauzay et Henri Delange. *Paris*, 1862 ; in-fol. *en feuilles* dans un carton. 　　　　**400 fr.**

Très belle publication ornée d'un portrait de Bernard Palissy et de 100 planches tirées en couleur. Cet ouvrage n'a été imprimé qu'à 300 exemplaires et est devenu rare.

1183. **Savary**. Lettres sur l'Egypte, où l'on offre le parallèle des mœurs anciennes et modernes de ses habitans, où l'on décrit l'état du pays. *Paris, Onfroi*, 1785-1786 ; 3 vol. in-8, veau marbré, dos orné, fil. (*Rel. anc.*). 　　　　　　**12 fr.**

Cartes et planches gravées sur cuivre.

1184. **Savary**. Lettres sur l'Egypte, ou l'on offre le parallèle des mœurs anciennes et modernes de ses habitans. Nouvelle édition. *Paris, Bleuet jeune*, 1798, 4 vol. in-8, veau fauve, dos orné, fil. (*Rel. anc.*). 　　**20 fr.**

Cartes et plans gravés en taille-douce. — Bel exemplaire.

1185. **Scaligerana**. Editio altera, ad verum exemplar restituta, et innumeris iisque fœdissimis mendis, quibus prior illa passim scatebat, diligentissimè purgata. *Coloniæ-Agrip-pinæ, apud Gerbrandum Scagen*, 1667 ; in-12, veau fauve, dos orné, fil. (*Rel. anc.*). 　　　　　　**18 fr.**

Tache de rousseur.

1186. **Scaligerana**, Thuana, Perroniana, Pithœana, et Colomesiana, ou remarques historiques, critiques, morales et littéraires de Jos. Scaliger, J.-A. de Thou, le cardinal du Perron, Fr. Pithou et P. Colomiès. Avec des notes de plusieurs savants. *Amsterdam, Covens et Mortier*, 1740 ; 2 vol. in-12, demi-rel. dos et coins de mar. bleu, dos orné, tête dor., *non rognés (Capé)*. **30 fr.**

Recueil publié par P. des Maizeaux qui a signé l'Epitre.
Bel exemplaire.

1187. **Segraisiana** ou mélange d'histoire et de littérature. Recueilli des entretiens de M. de Segrais. Les Eglogues et l'Amour guéri par le Temps. Ensemble la Relation de l'isle imaginaire et l'histoire de la princesse de Paphlagonie. *La Haye, Pierre Gosse*, 1722 ; in-12, veau fauve, dos orné (*Rel. anc.*). 　**15 fr.**

Ce recueil est d'Antoine Galland qui le rédigea chez M. Foucault, intendant de Caen; il fut corrigé par Frémont ; La Monnoye et Moriau y ajoutèrent des notes.
La presque totalité des exemplaires fut détruite sur la demande du duc de Noailles qui trouva que Madame de Maintenon n'y était pas assez bien traitée.
Le titre imprimé qui manque souvent est dans cet exemplaire.

1188. **Ségur** (Général, Comte de). Histoire de Napoléon et de la Grande-Armée pendant l'année 1812. *Paris, Baudouin*, 1825 ; 2 vol. in-8, cart., *non rognés*. 　　　　　　　**12 fr.**

Portraits, figures, et carte en couleurs.

1189. **Shaw** (Henry). The Decorative Arts ecclesiastical and civil of the Middle Ages. *London, William Pickering*, 1851 ; pet. in-fol., demi-rel. dos et coins de chagr. bleu, tr. dor. 　　　　　　　　　**100 fr.**

41 planches la plupart en couleurs reproduisant des vitraux, des émaux, des reliquaires, des ivoires, des faïences et autres objets précieux du Moyen-âge et de la Renaissance.

1190. **Shéridan** (Ch.-Fr.). Histoire de la dernière Révolution de Suède, contenant le récit de ce qui s'est passé dans les trois dernières diètes. Traduit de l'anglois. *Londres*, 1783 ; in-8, veau, dos orné, dent. (*Meslant*). 　　　　　　　**5 fr.**

**Achat de Bibliothèques**

1191. **Sires** (Les) de Beaujeu, ou Mémoires historiques sur le monastère de l'île Barbe.... Extrait d'une chronique du XIV<sup>e</sup> siècle par l'auteur de Paris, Versailles (le marquis J.-L.-M. Du Gast de Bois de Saint - Just). *Lyon, Tournachon-Molin,* 1810 ; 2 vol. in-8, br. 12 fr.

1192. **Soberiana** sive excerpta ex ore Samuelis Sorbière prodeunt ex museæo Francisci Graveral. *Tolosæ, typ. Guill.-Lud. Colomyez,* 1694 ; in-12, veau fauve, dos orné, fil. (*Rel. anc.*).     12 fr.

Bel exemplaire.

1193. **Soixante ans** du théâtre français, par un amateur né en 1769 (J.-Nic. Bouilly). *Paris, Gosselin,* 1842 ; in-18, br.     6 fr.

1194. **Staël-Holstein** (M<sup>me</sup> de). Delphine. Troisième édition. *Paris, H. Nicolle,* 1809 ; 6 tomes en 3 vol. in-12, basane, dos orné.     8 fr.

1195. **Tableaux** généalogiques de la maison d'Autriche gravés par Beaublé fils et Dien. *S. l. n. d.* (*Paris, vers* 1812) ; 4 feuilles in-fol. pliées in-8, cart.     10 f..

1196. **Tallemant des Réaux**. Les Historiettes de Tallemant des Réaux. Troisième édition entièrement revue sur le manuscrit original et disposée dans un nouvel ordre. *Paris, J. Techener,* 1854-1858 ; 7 vol. in-8, br.     25 fr.

Edition publiée par MM. Monmerqué et Paulin Paris.

1197. **Thiery de Menonville**. Traité de la culture du Nopal, et de l'éducation de la cochenille dans les colonies françaises de l'Amérique ; précédé d'un voyage à Guaxaca. *Au Cap français et à Paris,* 1787 ; 2 vol. in-8, veau marbré, dos orné, tr. rouge (*Rel. anc.*). 10 fr.

2 planches coloriées.

1198. **Tooke** (le Rév.). Histoire de l'Empire de Russie sous le règne de Catherine II et à la fin du dix-huitième siècle. *Paris de l'impr. Carpelet an X,* 1801 ; 6 vol. in-8, veau, dos orné, dent.(*Rel.anc.*). 25 fr.

1199. **Toulmouche** (A.). Histoire archéologique de l'époque gallo-romaine de la ville de Rennes, com-

prenant l'étude des voies qui partaient de cette cité et celle de leur parcours. *Rennes, Deniel et Paris, V. Didron,* 1847, in-4, br.     10 fr.

3 cartes et 20 planches lithographiées.

1200. **Tureau** (Louis-Marie). Mémoires pour servir à l'histoire de la guerre de la Vendée. *Evreux, s. d.,* (1796); in-8, cart., *non rogné.* 4fr.

1201. **Valesiana** ou les pensées critiques, historiques et morales et les poésies latines de M. de Valois, historiographe de France recueillis par M. de Valois son fils. *Paris, Florentin et Pierre Delaulne,* 1695; in-12, veau fauve, dos orné, fil. (*Rel. anc.*).     15 fr.

Frontispice et figure sur cuivre. Bel exemplaire.

1202. **Vasconiana,** ou recueil des bons mots, des pensées les plus plaisantes, et des rencontres les plus vives des Gascons. (Par de Montfort). *Paris, Michel Brunet,* 1708 ; in-12, veau fauve, dos orné, fil. (*Rel. anc.*).     18 fr.

Première édition. Bel exemplaire.

1203. **Vergennes.** Mémoire historique et politique sur la Louisiane. *Paris, Lepetit,* 1802 ; in-8, portr., demi-rel.     3 fr.

1204. **Vertot** (Abbé de). Ambassades de Messieurs de Noailles en Angleterre. *Leyde,* 1763 ; 5 vol. in-12, demi-rel. veau fauve.     10 fr.

1205. **Vie** et révélations de la sœur de la Nativité (Jeanne Le Royer), religieuse converse au couvent des Urbanistes de Fougères, écrites sous sa dictée par le rédacteur de ses révélations (l'abbé Gernet, prêtre du diocèse de Rennes). *Paris, Beaucé,* 1819; 4 vol. in-8, br. 20 fr.

Seconde édition ornée du portrait de Jeanne le Royer.

1206. **Vie privée** de Louis XV, ou principaux évènements de son règne. *Londres, John Peter Lyton,* 1781 ; 4 tomes en 2 vol. in-12, bas.     10 fr.

Ouvrage orné de 5 portraits.

1207. **Vies** des Saints, nouvellement écrites par une réunion d'ecclésiastiques et d'écrivains catholiques, sous les auspices de NN. SS. les

**Et de Livres anciens et modernes**

archevêques. Nouvelle édition. *Paris*, 1854 ; 4 vol. pet. in-4, br., couv. ill.     15 fr.

> Vignettes sur bois.

**1208. Vigeant**. Ma Collection d'Escrime. Préface d'Emile Gautier. Poésie de Louis Tiercelin. Dessins de Fréd. Régamey. *Paris, Quantin*, 1892 ; pet. in-8. br.     7 fr.

> Cet ouvrage n'a été tiré qu'à 200 exemplaires.

**1209. Vignier** (Nicolas). Traité de l'ancien Estat de la petite Bretagne, et du droict de la couronne de France sur icelle contre les faussetez et calomnies de deux histoires de Bretagne, composées par feu le s^r Bertrand d'Argentré. *Paris, Adrien Périer*, 1619 ; in-4, vélin à recouvrements.     20 fr.

> Ouvrage posthume édité par le fils de l'auteur.
> Bel exemplaire.

**1210. Vignon** (Claude). Nouvelles. Un Accident. — Paradis perdu. — La Statue d'Apollon. — L'Exemple. *Paris, Alphonse Lemerre*, 1891 ; pet. in-12, portr., br.     10 fr.

> L'un des 10 exemplaires sur PAPIER DE CHINE.

**1211. Villeneuve - Bargemont** (Alban de). Economie politique chrétienne ou recherches sur la nature et les causes du paupérisme en France et en Europe, et sur les moyens de le soulager et de le prévenir. *Paris, Paulin*, 1834 ; 3 vol. in-8, cart.     8 fr.

**1212. Vinoy** (Général). Campagne de 1870-1871. L'Armistice et la Commune. Opérations de l'armée de Paris et de l'armée de réserve. *Paris, Plon*, 1872 ; gr. in-8, br. 4 fr.

> Manque l'atlas.

**1213. Vinoy** (Général). Campagne de 1870-1871. Siège de Paris. Opérations du 13^e corps et de la troisième armée. *Paris, Plon*, 1872 ; gr. in-8., br.     4 fr.

> Manque l'atlas.

**1214. Virgile**. Publii Virgilii Maronis Opera. *Londini, typis J. Brindley*, 1744 ; pet. in-12, mar. rouge, dos orné, fil., tr. dor. (*Rel. anc.*). 20 fr.

**1215. Virgile**. Les Georgiques de Virgile, traduction nouvelle en vers françois, enrichies de notes et de figures par M. Delille. Troisième édition. *Paris, Bleuet*, 1770 ; in-8, fig., mar. Lavallière, dos orné, fil., tr. dor. (*Chambolle-Duru*).     120 fr.

> Frontispice par *Casanova* et 4 figures par *Eisen* gravés par *de Longueil*.
> Bel exemplaire.

**1216. Visconti** (J.-B.). Il Museo Pio-Clementino descritto da Giambattista Visconti, prefetto delle antichita di Roma. *Roma, Lud. Mirri*, 1782-1792 ; 6 vol. gr. in-fol., cart., *non rognés*.     200 fr.

> Cet excellent ouvrage, tant pour le texte que pour les gravures, renferme 312 planches ainsi réparties : Tome I^er. Portrait, plan et 54 pl. — Tome II. 54 pl. — Tome III. Portrait et 53 pl. — Tome IV. 50 pl. — Tome V. 48 pl. — Tome VI. 63 pl. (Le tome VII^e publié en 1807 manque).
> Très bel exemplaire entièrement non rogné.

**1217. Viton**. Histoire généalogique des maisons souveraines de l'Europe depuis leur origine jusqu'à présent. *Paris*, 1811 ; 2 vol. in-8, cart. 10 fr.

**1218. Viton**. Histoire générale des Ordres de Chevalerie civils et militaires existans en Europe. *Paris*, 1810-1813 ; 2 vol. gr. in-4, cart. et br.     10 fr.

> Ordre de l'Aigle d'or, ordre du Mérite militaire et ordre du Mérite civil, de Wurtemberg (4 pl. en coul.). — Ordre de Saint Joseph, du duché de Wurzbourg (1 pl. col.). — Ordre de Danebrog, ordre de l'Eléphant de Danemark (4 pl. en coul.).

**1219. Voltaire**. Discours prononcez dans l'Académie françoise, le lundi 9 mai 1746 à la réception de M. de Voltaire. *Paris, impr. J.-B. Coignard*, 1746 ; in-4, cart., *non rogné*.     3 fr.

> ÉDITION ORIGINALE.

**1220. Voltaire**. Œuvres complètes. *Paris, Lequien*, 1820, 70 vol. — Lettres inédites de Voltaire, recueillies par M. de Cayrol. *Paris, Didier*, 1856 ; 2 vol. Ens. 72 vol. in-8, demi-rel. veau fauve.     120 fr.

> Portraits et figures. 2 des volumes, ainsi que les 2 vol. des Lettres inédites, différant un peu dans leur reliure.

**1221. Voltaire**. Œuvres complètes, avec Préfaces, Notes et Avertissements, etc., par Beuchot. *Paris, Lefèvre*, 1834 ; 72 vol. in-8, br. 250 fr.

> Bel exemplaire sur papier cavalier, lavé et encollé. De la collection des Classiques français.

**Achat de Bibliothèques**

1222. **Voltaire**. Suite de dix en-têtes d'Eisen gravés par de Longueil pour la Henriade. *Paris, veuve Duchesne (imprimerie Barbou, vers 1770)*; 2 volumes in-8.                200 fr.

Superbes épreuves de graveur avant le texte au verso, à toutes marges.

1223. **Voyage littéraire** de deux Religieux bénédictins de la congrégation de Saint Maur (Dom Martène et dom Durand). *Paris, Delaulne et Montalent,* 1717-1724 ; 2 vol. in-4, veau.                10 fr.

Planches gravées en taille-douce. — Cachet sur les titres.

1224. **Voyage où il vous plaira,** par Tony Johannot, Alfred de Musset et P.-J. Sthal. *Paris, J. Hetzel,* 1843 ; gr. in-8, demi-rel. chagr. brun, plats toile.                18 fr.

Jolies gravures sur bois. PREMIER TIRAGE. Quelques petites taches.

1225. **Weber**. Mémoires de Weber, concernant Marie-Antoinette, archiduchesse d'Autriche et reine de France et de Navarre ; avec des notes et des éclaircissemens historiques, par MM. Berville et Barrière. *Paris, Baudouin,* 1822 ; 2 vol. in-8, br.                8 fr.

1226. **Wraxall** (William). Mémoires historiques de mon temps, contenant des particularités remarquables sur les souverains et les personnages les plus célèbres de l'Europe. Traduit de l'anglais sur la deuxième édition, par R.-J. Durdent. *Paris, Dentu,* 1817 ; 2 vol. in-8, br.                8 fr.

1227. **Zahn** (Guillaume). Les plus beaux ornements et les tableaux les plus remarquables de Pompéi, d'Herculanum et de Stabiæ, d'après les originaux exécutés sur les lieux. *Berlin,* 1852 ; 2 parties en un vol. gr. in-fol., demi-rel. dos et coins de mar. rouge, *non rogné.* 120 fr.

Troisième série de cette magnifique publication, avec texte allemand et français, illustrée de 100 planches au trait ou en chromolithographie.

1228. **Zanotti** (Giampietro). Le Pitture di Pellegrino Tibaldi e di Niccolo Abbati esistenti nell' instituto di Bologna. *Venezia,* 1756 ; in-fol., demi-rel. bas.                35 fr.

Frontispice et 41 belles planches gravées par *Bartolomeo Crivellari.* Portraits du pape Benoit XIV et de Pellegrini gravés par *Wagner ;* en-têtes et culs-de-lampe par *Crivellari.*

1229. **Zola**. La Terre. *Paris, Charpentier,* 1887 ; in-18, demi-rel. dos et coins de mar. rouge, tête dor., *non rogné (Bretault).*        180 fr.

ÉDITION ORIGINALE sur PAPIER DE HOLLANDE, ornée de 28 jolies aquarelles originales, par *A. Mesplès.*

---

## *Voyages et descriptions Topographiques*

---

1230 **Amérique du Nord** (L') pittoresque. *Paris, Quantin,* 1880 ; in-4, débroché.                20 fr.

Illustré d'un nombre considérable de gravures et d'une carte des Etats-Unis.

1231. **Anciennes** relations des Indes et de la Chine, de deux voyageurs mahométans qui y allèrent dans le neuvième siècle, traduit de l'arabe, avec des remarques (par l'abbé Eusèbe Renaudot). *Paris, Coignard,* 1778 ; in-8, veau. 7 fr.

1232. **Anderson**. Histoire naturelle de l'Islande, du Grœnland, du détroit de Davis et d'autres pays situés sous le Nord. Traduite l'allemand par M.*** (Godefroy Sellius). *Paris, Séb. Jorry,* 1750 ; 2 vol. in-12, veau; dos orné, tr. rouge (*Rel. anc.*).                20 fr.

Frontispice et planches par *Aveline.*

1233. **Andréossy** (Général). Histoire du canal de Midi, connu précédemment sous le nom de canal de Languedoc. *Paris, impr. Dufart, an VIII* (1800); in-8, carte, veau marbr.                3 fr.

1234. **Argensola**. Histoire de la Conquête des isles Moluques par les espagnols, par les portugais et par les hollandais. Traduite de l'espagnol d'Argensola. *Amster-*

**Et de Livres anciens et modernes**

*dam, Jacques Desbordes,* 1707 ; 3 vol. in-12, veau .     12 fr.

La marge supérieure des titres a été légèrement rognée.

**1235. Aubert** (Ch.-F.). Le Littoral de la France. Deuxième partie. Du Mont Saint-Michel à Lorient. Deuxième édition. *Paris, Palmé,* 1886 ; in-4, br., couv. ill.     8 fr.

Nombreuses illustrations de *H. Scott, Brun, Toussaint, Yan d'Argent. Fraipont,* etc., gravées sur bois par *Rognon, Smeeton, Puyplat, Bellanger.*
Piqûres de clous aux premiers ff.

**1236. Azaïs.** Un Mois de séjour dans les Pyrénées. *Paris,* 1809 ; in-8, br.     3 fr.

**1237. Barrow** (John). Voyage en Chine formant le complément du voyage de lord Macartney ; traduit par J. Castera. *Paris, Buisson,* 1805 ; 3 vol. in-8 et atlas in-4, veau racine, dos orné, dent. (*Rel. anc.*).    15 fr.

L'atlas renferme 22 planches gravées en taille-douce.

**1238. Barrow** (John). Voyage à la Cochinchine par les îles de Madère, de Téneriffe et du cap vert, le Brésil et l'île de Java. Traduit par Malte-Brun. *Paris, Arthus-Bertrand,* 1807 ; 2 vol. in-8, bas. 8 fr.

**1239. Barrow** (John). Voyage dans la partie méridionale de l'Afrique ; fait dans les années 1797 et 1798 ; traduit de l'anglais par L. Degrandpré. *Paris, Dentu,* 1801 ; 2 vol. in-8, cart.     5 fr.

Carte.

**1240. Barow** (John). Nouveau Voyage dans la partie méridionale de l'Afrique, où l'on examine quelle est l'importance du Cap de Bonne-Espérance pour les différentes puissances de l'Europe. Traduit de l'anglais (par C.-A. Walckenaer). *Paris, Dentu,* 1806 ; 2 vol. in-8, demi-rel. bas.     6 fr.

Cartes en taille-douce.

**1241. Bayard** (Ferdinand). Voyage dans l'intérieur des Etats-Unis, à Bath, Winchester, dans la vallée de Shenandoah, pendant l'été de 1791. Seconde édition augmentée d'anecdotes sur la vie de Georges Washington. *Paris, an VI* (1798) ; in-8, veau, dos orné. (*Rel. anc.*). 9 fr.

**1242. Beauvoir** (le comte ·de). Voyage autour du monde. Austra-

lie, Java, Siam, Canton, Pékin, Yédo, San-Francisco. *Paris, Plon,* 1878 ; gr. in-8, broché.     6 fr.

Nombreuses figures.

**1243. Bellin.** Essai géographique sur les isles britanniques, contenant une description de l'Angleterre, l'Ecosse et l'Irlande, tant pour la navigation des costes que pour la connoissance de l'intérieur du païs, par M. Bellin, ingénieur de la marine. *Paris, impr. de Didot,* 1757 ; in-4, veau marbré, dos orné, fil., tr. rouge. (*Rel. anc.*).     20 fr.

En-têtes, culs-de-lampe et encadrement de titre gravés par *Choffard.*
Bel exemplaire grand de marge.

**1244. Belzoni** (G.). Voyages en Egypte et en Nubie. Suivis d'un voyage sur la côte de la Mer Rouge et à l'oasis de Jupiter Ammon. Traduits de l'anglais et accompagnés de notes par G. B. Depping. *Paris,* 1821 ; 2 vol. in-8, demi-rel. veau fauve, dos orné.     10 fr.

Bel exemplaire orné d'une carte et du portrait de l'auteur.

**1245. Bénoit** (P.-J.). Voyage à Surinam, description des possessions Néerlandaises dans la Guyane. 100 dessins pris sur nature par l'auteur, lihographiés par Madou et Lauters. *Bruxelles, Société des Beaux-Arts,* 1839 ; gr. in-fol., pl., mar. vert, dos orné, large dent., tr. dor.     60 fr.

Épreuves tirées sur Chine.

**1246. Blanc** (Charles). Voyage de la haute Egypte. Observations sur les arts égyptiens et arabe, avec 80 dessins par Firmin Delangle. *Paris, Henri Loones,* 1876 ; in-8, fig., demi-rel. chagr. vert.     6 fr.

**1247. Bory de S.-Vincent.** Essai sur les isles fortunées et l'antique Atlantide, ou précis de l'histoire générale de l'archipel des Canaries. *Paris, Baudouin, an XI* (1803) ; in-4, cart.     10 fr.

Cartes et planches en taille-douce.

**1248. Bossu.** Nouveaux Voyages dans l'Amérique septentrionale. *Amsterdam, Changuion,* 1777 ; in-8, bas.     15 fr.

Joli frontispice de *G. de Saint-Aubin,* gravé par *C. F. Le Tellier,* et 3 figures du même gravées par *J.-B. Louvion.*

**Achat de Bibliothèques**

1249. **Bossu**. Nouveaux Voyages aux Indes occidentales ; contenant une relation des différens peuples qui habitent les environs du grand fleuve S.-Louis. *Paris, Le Jay*, 1768 ; 2 tomes en un vol. in-12, front., demi-rel. 5 fr.

1250. **Bourgoing** (J.-Fr.). Tableau de l'Espagne moderne. Quatrième édition. *Paris, Dufour* (1806); 3 vol. in-8, br. 8 fr.

1251. **Bourrit**. Nouvelle description des Glacières, vallées de glace et glaciers qui forment la grande chaîne des Alpes, de Savoye, de Suisse et d'Italie. Nouvelle édition. *Genève et Paris*, 1787; 3 vol. in-8, veau marbr., dos orné (*Rel. anc.*). 15 fr.
<br>Figures représentant les sites les plus pittoresques décrits dans l'ouvrage.

1252. **Brazza** (Sarvorgan de). Conférences et lettres sur ses trois explorations dans l'Ouest africain de 1875 à 1886. Texte publié et coordonné par Napoléon Ney. *Paris, Dreyfous*, 1887; gr. in-8, br. 3 fr. 50
<br>Figures et vignettes sur bois.

1253. **Breislack** (Scipion). Voyages physiques et lythologiques dans la Campanie; suivis d'un mémoire sur la constitution physique de Rome. Et accompagnés de notes par le général Pommercuil. *Paris, Dentu*, 1801 ; 2 vol. in-8, br. 5 fr.
<br>Carte de la Campanie d'après *Zannoni*.

1254. **Breton de la Martinière**. La Chine en miniature, ou choix de costumes, arts et métiers de cet empire. *Paris, Nepveu*, 1811 ; 4 vol. in-12. — Coup-d'œil sur la Chine ou nouveau choix de costumes, arts et métiers de cet empire. *Paris, Nepveu*, 1812 ; 2 vol. in-12. Ens. 6 vol. in-12, veau, dos orné, dent. 25 fr.
<br>Ouvrage orné de 4 frontispices et 103 gravures en couleurs.

1255. **Breton de la Martinière**. L'Egypte et la Syrie, ou Mœurs, Usages, Costumes et Monuments des Egyptiens, des Arabes et des Syriens. *Paris, Nepveu*, 1814 ; 6 vol. in-12, demi-rel. chagr. rouge. 15 fr.
<br>Ouvrage orné de 84 figures.

1256. **Cambry**. Voyage pittoresque en Suisse et en Italie. *Paris, Jansen*, an IX (1801); 2 tomes en un vol. in-8, fig., bas., dos orné. 5 fr.

1257. **Cassini** fils. Voyage fait par ordre du roi en 1768, pour éprouver les montres marines inventées par M. le Roy, par M. Cassini fils. Avec la meilleure manière de mesurer le tems en mer. *Paris, Ch.-Ant. Jombert*, 1770 ; in-4, veau fauve (*Rel. anc.*). 7 fr.
<br>Planches gravées sur cuivre.

1258. **Castellan** (A.-L.). Lettres sur la Morée, l'Hellespont et Constantinople. Seconde édition. *Paris, Nepveu*, 1820 ; 3 vol. in-8, demi-rel. veau fauve, dos orné. 15 fr.
<br>63 planches dessinées et gravées par l'auteur.

1259. **Catteau-Calleville** (J.-P.). Tableau de la mer Baltique, considérée sous les rapports physiques, géographiques, historiques et commerciaux. *Paris, Pillet*, 1812 ; 2 vol. in-8, cart. 5 fr.

1260. **Charlevoix** (le R. P.) Histoire et description générale du Japon, où l'on trouvera tout ce qu'on a pu apprendre de la nature et des productions du pays, du caractère et des coutumes des habitants, du gouvernement et du commerce, etc. *Paris*, 1736 ; 2 vol. in-8, veau marbré, dos orné, fil., tr. dor. (*Rel. anc.*). 50 fr.
<br>Bel exemplaire orné de nombreuses figures et cartes gravées en taille-douce.

1261. **Charlevoix** (le R. P. de). Histoire du Paraguay, par le R. P. Pierre-François-Xavier de Charlevoix. *Paris, Didot*, 1756 ; 3 vol. in-4, veau, dos orné, fil. (*Rel. anc.*) 60 fr.
<br>Cartes et vignettes en-têtes gravées sur cuivre.

1262. **Charpentier - Cossigny**. Voyage à Canton, capitale de la province de ce nom, à la Chine ; par Gorée, le cap de Bonne-Espérance, et les isles de France et de la Réunion. *Paris, André, an VII* (1799); in-8, veau marbr., dos orné (*Rel. anc.*). 3 fr.

1263. **Charpentier - Cossigny**. Voyage au Bengale. *Paris, Emery, an VII* (1799); 2 vol. in-8, carte, veau, dos orné (*Rel. anc.*). 6 fr.

1264. **Chateaubriand**. Itinéraire de Paris à Jérusalem et de Jérusalem à Paris, en allant par la Grèce, et revenant par l'Egypte, la Barbarie et l'Espagne. *Paris, Le Normant,* 1811 ; 3 vol. in-8, carte, bas., dos orné.      10 fr.

**1265. Choiseul-Gouffier.** Voyage pittoresque de la Grèce. *Paris,* 1782-1809 ; 3 tomes en 2 vol. in-fol., demi-rel. dos et coins de veau fauve, *non rognés.*      100 fr.

> Portrait par *Boilly,* gravé par *Dien,* titre gravé, nombreuses planches par *Moreau le jeune, Hilair,* etc., gravées par *Marillier, Halbou* et autres.

**1266. Choisy** (L. de). Journal de Siam fait en 1685 et 1686. *Paris, Séb. Cramoisy,* 1687 ; in-4, veau, dos orné, dent. (*Rel. anc.*). 10 fr.

**1267. Coxe.** Lettres de William Coxe à M. W. Melmoth sur l'état politique civil et naturel de la Suisse. *Paris, Belin,* 1782 ; 2 vol. in-8, demi-rel. veau.      6 fr.

**1268. Creuzé de Lesser.** Voyage en Italie et en Sicile fait en 1801 et 1802. *Paris, Didot l'ainé,* 1806 ; in-8, bas., dos orné.      6 fr.

> On a relié à la suite : Lettre sur le Valais, sur les mœurs de ses habitans, par Echasseriaux. Paris, 1806.

**1269. Dallaway** (Jacques). Constantinople ancienne et moderne, et description des côtes et isles de l'Archipel et de la Troade. Traduit de l'anglais par André Morellet. *Paris, Denné, an VII* (1799); 2 vol. in-8, demi-rel. bas.      6 fr.

> 2 planches en taille-douce.

**1270. Dalrymple** (W.). Voyage en Espagne et en Portugal dans l'année 1774. Traduit par un officier françois (Romance de Mesmont). *Paris (Bruxelles),* 1783; in-8, carte, demi-rel.      4 fr.

**1271. Dalrymple.** Voyages dans la mer du Sud, par les espagnols et les hollandois. Ouvrage traduit de l'anglois par M. de Fréville. *Paris, Saillant et Noyon,* 1774 ; in-8, cartes, veau, dos orné (*Rel. anc.*).      4 fr.

**1272. Dapper** (Olivier). Description exacte des isles de l'Archipel, et de quelques adjacentes dont les principales sont Chypre, Rhodes, Candie, Samos, Chio, Negrepont, Lemnos, Paros, Delos, Patmos, avec un grand nombre d'autres. *Amsterdam, George Gallet,* 1703 ; in-fol., veau fauve, dos orné. (*Rel. anc.*) 20 fr.

> Planches et cartes sur cuivre.

**1273. Daumont** (Alexandre). Voyage en Suède, contenant des notions étendues sur le commerce, l'industrie, l'agriculture, etc. *Paris, A. Bertrand,* 1834 ; 2 vol. in-8 et un atlas in-4, demi-rel. veau fauve.      10 fr.

> Vues lithographiées par *Tudot,* et carte.

**1274. Dauxion-Lavaysse** Voyage aux îles de Trinidad, de Tabago, de la Marguerite, et dans diverses parties de Vénézuéla, dans l'Amérique méridionale. *Paris, Schoell,* 1813 ; 2 vol. in-8, cartes, cart. 8 fr.

**1275. Délices** (Les) de l'Itàlie, contenant une description exacte du païs, des principales villes, de toutes les antiquités, et de toutes les raretés qui s'y trouvent. *Paris, J.-M. Guignard,* 1707 ; 4 vol. in-4, bas.      10 fr.

> Ouvrage enrichi de 4 frontispices et d'un très grand nombre de figures en taille-douce.

**1276. Délices** (Les) de la Hollande, contenant une description exacte du païs, des mœurs et des coutumes des habitans ; avec un abrégé historique depuis l'établissement de la République jusques à l'an 1710. Ouvrage nouveau sur le plan de l'ancien. *La Haye, Van Dole,* 1710 ; 2 vol. in-12. bas.      8 fr.

> Ouvrage orné de 2 frontispices et de nombreuses planches tirées en taille-douce.

**1277. Délices** (Les) de la Hollande, contenant une description exacte du païs, des mœurs et des coutumes des habitans : avec un abrégé historique depuis l'établissement de la République jusqu'au delà de la paix d'Utrecht. Nouvelle édition considérablement corrigée et augmentée. *Amsterdam, Mortier,* 1728; 2 vol. in-12, front. et fig., bas. 8 fr.

**1278. Délices** ou Histoire générale de Païs-Bas, contenant la description des XVII provinces. Edition nouvelle, augmentée de plusieurs remarques curieuses, de nouvelles estampes et des évènements les plus remarquables jusqu'à l'an

1743. *Brusselle, Foppens*, 1743 ; 4 vol. in-12, veau. 15 fr.

Ouvrage orné de 4 frontispices et de nombreuses planches tirées en taille-douce.

1279. **Demidoff** (Anatole de). Excursion pittoresque et archéologique en Russie, par Le Havre, Lubeck, Saint-Pétersbourg, Moscou, Nijni-Novgorod, Varoslaw et Kasan, exécuté en 1839. *Paris, Gihaut, s. d.* ; in-fol., demi-rel. chagrin rouge, *non rogné.* 140 fr.

Cent dessins exécutés d'après nature et lithographiés en deux teintes par *André Durand* et *Raffet.*
Bel exemplaire aux ARMES DE RUSSIE.

1280. **Demidoff**. Travels in Southern Russia and the Crimea ; through Hungray, Wallachia and Moldavia during the year 1837. *London*, 1853 ; 2 vol. gr. in-8, cart. toile, *non rognés.* 15 fr.

Illustrations de *Raffet*, gravées sur bois.

1281. **Denon** (Vivant). Voyage dans la basse et la haute Egypte pendant les campagnes du général Bonaparte. *Paris, impr. de P. Didot*, 1802 ; 2 vol. in-fol., cart., *non rognés.* 80 fr.

141 planches.

1282. **Denon** (Vivant). Voyage en Sicile. *Paris, impr. Didot aîné*, 1788 ; gr. in-8, plan, veau marbré, dos orné (*Rel. anc.*). 5 fr.

1283. **Depping** (G.-B.). Histoire des Expéditions maritimes des Normands et de leur établissement en France au X<sup>e</sup> siècle. *Paris, Ponthieu*, 1826 ; 2 vol. in-8, br. 5 fr.

1284. **Depons** (F.). Voyage à la partie orientale de la Terre-Neuve dans l'Amérique méridionale, fait pendant les années 1801, 1802, 1803 et 1804. *Paris, Colnet*, 1806 ; 3 vol. in-8, veau, dos orné. 12 fr.

Description de Caracas, du Venezuela, Maracaïbo, Varinas, Guiane espagnole, Cumana et l'île de la Marguerite.

1285. **Description** de l'Égypte ou Recueil des observations et des recherches qui ont été faites en Egypte pendant l'expédition de l'armée française. Seconde édition publiée par Panckoucke. *Paris, Panckoucke*, 1821-1829 ; 24 tomes en 26 vol. in-8 et 11 vol. in-fol, de planches demi-veau bleu. 350 fr.

Les volumes de planches se répartissent ainsi : Antiquités, 5 vol. — Atlas géographique, 1 vol. — Etat moderne, 2 vol. — Histoire naturelle, 3 vol.
Exemplaire bien complet.

1286. **Description** géographique de la Guiane (par J.-N. Bellin). *Paris, impr. de Stoupe*, 1763 ; in-4, mar. rouge, dos orné, fil., tr. dor. (*Rel. anc.*) 150 fr.

Bel exemplaire aux armes de Charles-Alexandre DE CALONNE, contrôleur général des finances.

1287. **Du Moncel**. De Venise à Constantinople à travers la Grèce et retour par Malte, Messine, Pizzo et Naples. *Paris, Gide, s. d.* ; in-fol. oblong, demi-rel. 30 fr.

51 planches en lithographie.

1288. **Dupré** (Alphonse). Relation d'un voyage en Italie, suivie d'observations sur les anciens et les modernes. *Paris, Boucher*, 1826 ; 2 vol. in-8, veau vert, dos orné, dent., tr. marbr. 8 fr.

1289. **Draslé de Grand-Pierre**. Relation de divers voyages faits dans l'Afrique, dans l'Amérique, et aux Indes occidentales ; la description du royaume de Juda ; la relation d'une isle nouvellement habitée dans le détroit de Malaca, etc. *Paris, Cl. Jombert*, 1718 ; in-12, veau. 4 fr.

1290. **Du Tertre** (le R. P.). Histoire générale des Antilles, habitées par les françois. *Paris, Th. Joly*, 1667-1671 ; 4 tomes en 3 vol. in-4, veau gris, dos orné, fil. 120 fr.

Frontispice, planches et cartes.
Ouvrage devenu fort rare et très recherché. — Le faux-titre du tome IV manque.

1291. **Edmond** (Charles). Voyages dans les mers du Nord à bord de la corvette la Reine-Hortense. *Paris, Michel Lévy*, 1863 ; in-8, demi-rel. mar. vert, dos orné. 8 fr.

Illustrations par *Karl Girardet*, d'après les aquarelles de *Ch. Giraud* et *d'Abrantès.*

1292. **Edmond** (Charles). Voyage dans les mers du Nord à bord de la corvette de la Reine-Hortense. *Paris, Michel Lévy*, 1857 ; gr. in-8, br. 8 fr.

Illustrations de *Karl Girardet.*

1293. — Le même. *Paris, M. Lévy,* 1863 ; gr. in-8, br.     5 fr.

1294. **Ellis** (Henri). Voyage de la baye de Hudson, fait en 1746 et 1747 pour la decouverte du passage de Nord-Ouest, contenant une description exacte des côtes et l'histoire naturelle du pays. Traduit de l'anglois (par Sellius). *Paris, Ballard,* 1749 ; 2 vol. in-12, veau brun, dos orné. (*Rel. anc.*). 10 fr.

Figures gravées par *Flipart.*

1295. **Ellis** (Henri). Voyage en Chine ou journal de la dernière ambassade anglaise à la cour de Pékin. Traduit de l'anglais par J. Mac Carthy. *Paris, Delaunay,* 1818 ; 2 tomes en un vol. in-8, demi-rel. veau fauve, *non rogné.* (*Thouvenin*).     8 fr.

Portrait et figures en taille-douce.

1296. **Febvre** (Michel). Théâtre de la Turquie, où sont représentées les choses les plus remarquables qui s'y passent aujourd'huy touchant les mœurs, le gouvernement, les coutumes et la religion des Turcs ; le tout confirmé par des exemples et cas tragiques arrivez depuis peu, traduit d'italien en françois par son auteur, Michel Febvre. *Paris, Edme Couterot,* 1682 ; in-4, veau.     25 fr.

Curieux par les mœurs et coutumes rapportées.

1297. **Fermin** (Philippe). Tableau historique et politique de l'état ancien et actuel de la colonie de Surinam et des causes de sa décadence. *Maestricht, Dufour et Roux,* 1778 ; in-8, br.     5 fr.

1298. **Ferrières-Sauvebœuf**. Mémoires historiques, politiques et géographiques des Voyages faits en Turquie, en Perse et en Arabie depuis 1782 jusqu'en 1789. *Paris, Buisson,* 1790 ; 2 vol. in-8, veau marbr., dos orné. (*Rel. anc.*). 8 fr.

1299. **Flandin** (Eug.). L'Orient. *Paris, Gide et Baudry,* 1853 ; in-fol., demi-rel. chagrin vert. 40 fr.

50 vues lithographiées de Constantinople et de l'Asie-Mineure.

1300. **Forbin** (Comte de). Voyage dans le Levant, en 1717 et 1718. *Paris, impr. royale,* 1819 ; in-8, demi-rel. veau fauve.     4 fr.

Plan du S. Sépulcre à Jérusalem.

1301. **Fossey** (Mathieu de). Le Mexique. *Paris, Henri Plon,* 1857 ; in-8, demi-rel. veau bleu.     4 fr.

1302. **Gage** (Th.). Nouvelle relation contenant les voyages de Thomas Gage dans la Nouvelle Espagne, ses diverses aventures, et son retour par la province de Nicaragua jusques à la Havane. (Traduit par Beaulieu Hues O'Neil). *Amsterdam. P. Marret,* 1720 ; 2 vol. in-12, demi-rel., *non rognés.*     12 fr.

Figures en taille-douce.

1303. **Gaimard** (Paul). Voyage en Islande et au Groënland, exécuté pendant les années 1835 et 1836, sur la corvette « La Recherche », commandée par M. Trehouart, publié sous la direction de M. Paul Gaimard. *Paris, Arthus Bertrand,* 1838-1852 ; 7 vol. gr. in-8 et 3 atlas in-fol. et in-4. — Voyages de la commission scientifique du Nord, en Scandinavie, en Laponie, au Spitzberg et au Feroë pendant les années 1838, 1839 et 1840 sur la corvette « La Recherche » commandée par M. Fabvre, publiés par ordre du gouvernement sous la direction de M. Paul Gaimard. *Paris, Arthus Bertrand,* (1843-1848) ; 16 vol. gr. in-8 et 5 atlas in-fol. — Ens. 23 vol. gr. in-8, 8 atlas in-fol. et un atlas in-4, demi-rel. dos et coins de mar. vert, plats toile, tr. dor.     800 fr.

Magnifique publication publiée avec le concours de Xavier Marmier, Eug. Robert, V. Lottin, Martin, Bravais, Durocher, Boeck, etc. La première partie est illustrée de 236 planches dont 50 en couleurs, et la seconde d'environ 440 planches dont 80 en couleurs. Ensemble 676 planches. — Bel exemplaire rare à trouver complet.

1304. **Gaimard** (Paul). Voyages en Scandinavie, en Laponie, au Spitzberg et aux Féroë, publiés par ordre du Roi. *Paris, A. Bertrand,* 1842 ; 3 vol. in-fol., demi-rel. chagr. bleu, *non rognés.*     150 fr.

406 planches noires et coloriées.

1305. **Gamba** (le Chevalier). Voyage dans la Russie méridionale, et particulièrement dans les provinces situées au delà du Caucase fait depuis 1820 jusqu'en 1824. *Paris, Trouvé*, 1826 ; 2 vol. in-8, demi-rel. dos et coins de mar. vert.        6 fr.

4 cartes.

**1306. Gastine** (Civique de). Histoire de la République d'Haïti ou Saint-Domingue, l'esclavage et les colons. *Paris, Plancher*, 1819 ; in-8. br.        3 fr.

**1307. Gaudin** (Abbé). Voyage en Corse, et vues politiques sur l'amélioration de cette isle. Orné d'une carte géographique. *Paris, Lefèvre*, 1787 ; in-8, demi-rel. veau.        3 fr.

**1308. Gigault de La Salle.** Voyage pittoresque en Sicile dédié à Madame la duchesse de Berry. *Paris, Didot*, 1822-1828 ; 2 vol. in-fol., demi-rel. mar. rouge, tête dor., *non rognés*.        70 fr.

Magnifique ouvrage composé de 92 planches avec texte historique, publié à 840 fr. broché. Bel exemplaire.

**1309. Gilpin** (William). Voyage en différentes parties de l'Angleterre et particulièrement dans les montagnes et sur les lacs du Cumberland et du Westmoreland. Ouvrage traduit de l'anglois par M. Guédon de Berchère. *Paris, Defer de Maisonneuve*, 1789 ; 2 vol. in-8, bas., dos orné.        9 fr.

Nombreuses figures sur cuivre.

**1310. Golbery** (S.-M.-X. de). Considérations sur le département de la Roer, suivies de la notice d'Aix-la-Chapelle et de Borcette. *Aix-la-Chapelle, Beaufort*, 1811 ; in-8, br.        4 fr.

**1311. Golovnin.** Voyage de M. Golovnin, contenant le récit de sa captivité chez les Japonais pendant les années 1811, 1812 et 1813. Traduit par J.-B.-B. Eyriès. *Paris, Gide*, 1818 ; 2 vol. in-8, demi-rel. chagrin rouge.        6 fr.

Portrait et carte.

**1312. Gourbillon** (J.-A. de). Voyage critique à l'Etna en 1819. *Paris, Mongie*, 1820 ; 2 vol. in-8, pl., demi-rel. veau fauve.        6 fr.

**1313. Grandpré** (L. de). Voyage dans l'Inde et au Bengale fait dans les années 1789 et 1790, contenant la description des îles Séchelles et

de Trinquemalay, etc. *Paris, Dentu*, 1801 ; 2 vol. in-8, bas., dos orné. 15 fr.

Jolies figures gravées en taille-douce.

**1314. Grasset S.-Sauveur.** Encyclopédie des Voyages, contenant l'abrégé historique des mœurs, usages, habitudes domestiques, religions, fêtes, supplices, funérailles, sciences, arts et commerce de tous les peuples. *Paris, Deroy*, 1796 ; in-4 en 50 livraisons.        100 fr.

346 planches coloriées donnant la représentation des costumes civils et militaires de toutes les nations du monde.

**1315. Grose** (J. H.). Voyages aux Indes orientales, par Jean-Henri Grose ; traduit de l'anglois par M. Hernandez. *Londres et Lille, Vve Panckoucke*, 1758 ; in-12, veau marbré, dos orné.        4 fr.

**1316. Guer.** Mœurs et usages des Turcs, leur religion, leur gouvernement civil, militaire et politique. *Paris, Mérigot*, 1747 ; 2 vol. in-4, veau marbré, dos orné, dent., tr. rouge.        35 fr.

28 figures de *Boucher* et *Hallé*, gravées par *Duflos*, et 20 jolis fleurons et vignettes en-têtes, gravés en taille-douce.

**1317. Gumilla** (le Père Joseph). Histoire naturelle, civile et géographique de l'Orénoque et des principales rivières qui s'y jettent. *Avignon*, 1758 ; 3 vol. in-12, bas. 7 fr.

Carte.

**1318. Haafner** (J.). Voyages dans la péninsule occidentale de l'Inde et dans l'île de Ceilan ; traduit du hollandois par M. J. (Jansen). *Paris, Arthus-Bertrand*, 1811 ; 2 vol. in-8, bas., dos orné.        8 fr.

5 planches en taille-douce.

**1319. Haussez** (Baron d'). Voyage d'un exilé, de Londres à Naples et en Sicile en passant par la Hollande, la confédération germanique, le Tyrol et l'Italie. *Paris, Allardin*, 1835 ; 2 vol. in-8, demi-rel. veau fauve.        6 fr.

**1320. Histoire** de la Jamaïque, traduite de l'anglois (de Hans Sloane) par M*** (Raulin), ancien officier de dragons. *Londres, Nourse*, 1751 ; 2 tomes en un vol. in-12, veau. 10 fr.

Cette histoire est un extrait de l'ouvrage de Sir Hans Sloane sur quelques-unes des Antilles et spécialement sur la Jamaïque.

**Et de Livres anciens et modernes**

1321. **Histoire** de la Virginie, contenant l'histoire du premier établissement dans la Virginie et son gouvernement, les productions naturelles, la religion, les loix, etc., par un auteur natif du païs (R.-B. Beverley) traduite de l'anglois. *Amsterdam, Th. Lombrail,* 1707 ; in-12, front. et fig., veau.    12 fr.

1322. **Histoire** des États barbaresques qui exercent la piratrie, contenant l'origine, les révolutions, et l'état présent des royaumes d'Alger, de Tunis, de Tripoli et de Maroc, par un auteur qui y a résidé plusieurs années (Laugier de Tassy), traduit de l'anglois (par P. Boyer de Prébandier). *Paris, Chaubert,* 1757 ; 2 tomes en un vol. in-12, veau marbr., dos orné (*Rel. anc.*).    6 fr.

1323. **Histoire** des Voyages des Papes depuis Innocent Ier en 409, jusqu'à Pie VI en 1782, avec des notes (par Charles Millon). *Vienne,* 1782 ; in-8, veau, dos orné (*Rel. anc.*).    4 fr.

1324. **Histoire** du canal de Languedoc, redigée sur les pièces authentiques par les descendans de Pierre-Paul Riquet de Bonrepos. *Paris, Deterville,*1805; in-8,front.,bas. 3 fr.

1325. **Holmès** (Samuel). Voyage en Chine et en Tartarie, à la suite de l'ambassade de lord Macartney. Ouvrage traduit de l'anglais de MM***. Revu et publié avec des observations par L. Langlois. *Paris, Delance et Lesueur,* 1805 ; 2 tomes en un vol. in-8, veau marbré, dos orné (*Rel. anc.*).    12 fr.

    51 planches gravées en taille-douce.

1326. **Hugo** (Victor). En voyage. France et Belgique. *Paris, Hetzel et Quantin,* 1892 ; in-8, br.    4 fr.

    ÉDITION ORIGINALE. De la Collection des Œuvres inédites de l'auteur.

1327. **Humboldt** (Al. de). Essai politique sur le royaume de la Nouvelle Espagne. *Paris, F. Schoell* 1811; 5 vol. in-8, demi-rel. bas. 15 fr'

1328. **Jacquemont** (Victor). Correspondance avec sa famille et plusieurs de ses amis pendant son voyage dans l'Inde (1828-1832). *Pa-*

*ris, Fournier,* 1833 ; 2 vol. in-8, demi-rel. veau fauve.    6 fr.

1329. **Jourdain** (Am.). La Perse ou tableau de l'histoire, du gouvernement, de la religion, de la littérature, etc. *Paris, Ferra,* 1814; 4 vol. in-12, veau, dos orné, dent., tr. dor.    18 fr.

    Ouvrage orné de gravures en couleur, d'après des peintures persanes.

1330. **Journal** d'un Voyage sur les Costes d'Afrique et aux Indes d'Espagne, avec une description particulière de la Rivière de la Plata, de Buenosayres, et autres lieux ; commencé en 1702 et fini en 1706. *Amsterdam, Paul Marret,* 1723 ; in-12, carte, veau.    3 fr.

1331. **Keate** (Georges). Relation des îles Pelew, situées dans la partie occidentale de l'Océan pacifique. *Paris, Le Jay,* 1788 ; in-4, veau vert, dos orné, fil. tr. dor.    15 fr.

    Les îles Pelew ou de Palaos sont situées dans l'Océan Pacifique, entre les Philippines et les Carolines.

1332. **Keate** (George). Relation des îles Pelew, situées dans la partie occidentale de l'Océan Pacifique , composée sur les journaux et les communications du capitaine Henri Wilson et de quelques-uns de ses officiers qui en août 1783, y ont fait naufrage. Traduit de l'anglais de George Keate. *Paris, Le Jay,* 1788 ; in-4, demi-rel. bas.    12 fr.

    Portrait et planches en taille-douce gravées par *Tardieu.*

1333. **Komarzewski.** Coup-d'œil rapide sur les causes réelles de la décadence de la Pologne. *Paris, Bertrand - Pottier ,* 1807 ; in-8 , bas.    3 fr.

1334. **Knox** (Robert). An historical Relation of the Island Ceylon, in the East-Indies : together with an account of the detaining in captivity the autor. By Robert Knox. *London, printed by Richard Chiswell,* 1681, pet. in-fol., veau. (*Rel. anc.*).    15 fr.

    Figures sur cuivre (le portrait manque). Cette relation faite par un auteur qui resta captif dans l'île même de Ceylan, est toujours considérée comme la plus exacte que l'on ait donnée jusqu'ici.

1335. **Kotzebue** (Maurice de). Voyage en Perse, à la suite de l'ambassade russe en 1817 ; traduit de l'allemand par M. Breton. *Paris, Nepveu*, 1819 ; in-8 , demi-rel. veau, *non rogné*. 8 fr.

Intéressant voyage illustré de 5 planches coloriées.

**1336. Labat** (J.-B.). Relation historique de l'Ethiopie occidentale, contenant la description des royaumes de Congo, Angolle et Matamba, traduite de l'italien du P. Cavazzi. *Paris, Delespine*, 1732 ; 5 vol. in-12, veau marbr., dos orné, fil. (*Rel. anc.*). 30 fr.

Cartes et dessins en taille-douce.

**1337. Laborde** (Alexandre de). Itinéraire descriptif de l'Espagne, et tableau élémentaire des différentes branches de l'administration et de l'industrie de ce royaume. *Paris, Nicolle,* 1808; 5 vol. in-8, bas. 12 fr.

**1338. Laborde** (Alex. de). Voyage pittoresque et historique de l'Espagne. *Paris, imp. de P. Didot,* 1807-1820 ; 4 vol. gr. in-fol., demi-rel. dos et coins de mar. rouge, *non rognés*. 150 fr.

Très bel exemplaire sur PAPIER VÉLIN, contenant environ 280 planches. Publié à 1,700 fr.

**1339. La Borde** (Benj. de). Description générale et particulière de la France, ou voyage pittoresque de la France, avec la description de toutes les provinces, ouvrage national, dédié au Roi... par une Société de gens de lettres (B. de La Borde, Béguillet, Guettard, etc.). *Paris, impr. de Monsieur et chez Lamy,* 1781-1796 ; 6 vol. gr. in-fol., demi-rel. mar. rouge, *non rognés*. 1,100 fr.

Très bel exemplaire avec la presque totalité des figures AVANT LA LETTRE ; il est orné de 347 planches et de 3 cartes ainsi réparties :
Tome Iᵉʳ. *Ile de France,* 44 pl. et 2 cartes.
Tome II. *Franche-Comté, Languedoc, Bourgogne,* 89 pl. (la vue du château de Bières est avec la lettre).
Tome III. *Ile-de-France , Lyonnais, Franche-Comté,* 47 pl.
Tome IV. *Laonnais, Soissonnais, Picardie, Ile de France,* 78 pl.
Tome V. *Picardie, Soissonnais, Laonnais, Beauvoisis,* 44 pl.
Tome VI. *Provence, Gironde, Ile-de-France, Dauphiné,* 45 pl. et 1 carte.

**1340. Laborde** et **Linant.** Voyage de l'Arabie Pétrée, publié par Léon de Laborde. *Paris, Giard (impri-*

*merie de J. Didot),* 1830 ; gr. in-fol., demi-rel. dos et coins mar. violet, *non rogné*. 60 fr.

PAPIER VÉLIN. 70 planches.

**1341. La Caille** (l'abbé de). Journal historique du voyage fait au cap de Bonne-Espérance. *Paris, Guillyn,* 1763 ; in-12, carte, veau. 12 fr.

**1342. Lahontan** (Baron de). Nouveaux voyages de M. le baron de Lahontan dans l'Amérique septentrionale. *La Haye, Lhonoré,* 1715; 2 vol. in-12, veau. 9 fr.

Cartes et figures. Mouillures.

**1343. Lajaille** (de). Voyage au Sénégal pendant les années 1784 et 1785. Avec des notes sur la situation de cette partie de l'Afrique jusqu'en l'an X (1801 et 1802), par P. Labarthe. *Paris, Dentu,* 1802 ; in-8, bas. 4 fr.

Carte gravée par *P.-F. Tardieu.*

**1344. La Lande.** Voyage en Italie. contenant l'histoire et les anecdotes les plus singulières de l'Italie et sa description. Troisième édition revue, corrigée et augmentée. *Genève,* 1790 ; 7 vol. in-8, demi-rel. bas. 15 fr.

**1345. La Loubère.** Du royaume de Siam, par M. de la Loubère, envoyé extraordinaire du Roy auprès du roi de Siam en 1687 et 1688. *Suivant la copie imprimée à Paris, à Amsterdam, chez Abr. Wolfgang,* 1691 ; 2 vol. in-12, veau. 10 fr.

**1346. La Loubère.** Description du royaume de Siam. *Amsterdam, David. Mortier,* 1714 ; 2 vol. in-12, veau. 8 fr.

Figures sur cuivre.

**1347. La Pérouse** (Galaup de). Voyage autour du Monde (pendant les années 1785-1788 , rédigé et publié par L.-A. Millet-Mureau. *Paris, imp. de la République ,* 1797 ; 4 vol. in-4 et atlas gr. in-fol., demi-rel. dos et coins de mar. rouge, dos orné, tête dor., éb. 100 fr.

L'atlas renferme 70 planches.

**1348. La Pérouse** (Galaup de). Voyage autour du Monde (pendant les années 1785-1788), rédigé et publié par L.-A. Millet-Mureau. *Paris, impr. de la République,*

1797 ; 4 vol. in-4 et atlas gr. in-fol., demi-rel. dos et coins de mar. vert, dos orné, *non rognés*. 100 fr.

> L'atlas relié en demi mar. brun, contient 70 planches.

1349. **La Rochefoucauld-Liancourt**. Voyage dans les Etats-Unis d'Amérique, fait en 1795, 1796 et 1797. *Paris, Du Pont, l'an VII* (1799) ; 8 tomes en 4 vol. in-8, cartes, veau granit, dos orné, fil. (*Rel. anc.*). 25 fr.

1350. **La Roque**. Voyage dans la Palestine, vers le grand Emir, chef des princes arabes du désert, connus sous le nom de Bédouins, fait par ordre du roi Louis XIV, par M. de la Roque. *Amsterdam, 1718* ; in-12, bas. 5 fr.

> Frontispice et figures sur cuivre par *Wandelaar*.

1351. **La Roque**. Voyage de Syrie et du Mont-Liban, contenant la description de tout le pays compris sous le nom de Liban et d'Anti-Liban, Kesroan, etc. *Amsterdam, Herman Uytwerf, 1723* ; 2 tomes en un vol. in-12, veau. 6 fr.

> Planches en taille-douce.

1352. **Laugier de Tassy**. Histoire du royaume d'Alger, avec l'état présent de son gouvernement, de ses forces de terre et de mer, de ses revenus, etc. *Amsterdam, Henri du Sauzet, 1725* ; in-12, demi-rel. 8 fr.

> Rare.

1353. **Lavallée** (Joseph). Voyage pittoresque et historique de l'Istrie et de la Dalmatie, rédigé d'après l'itinéraire de L.-F. Cassas. *Paris, 1802* ; in-fol., veau racine, dos orné, comp. de dent., tr. dor. (*Rel. anc.*). 100 fr.

> Ouvrage orné d'un frontispice et de 65 belles planches : vues, monuments, plans gravés par les meilleurs artistes du commencement du siècle.
> Très bel exemplaire.

1354. **Lavallée** (Joseph). Voyage pittoresque et historique de l'Istrie et de la Dalmatie, rédigé d'après l'itinéraire de L.-F. Cassas, par Joseph Lavallée. *Paris, 1802* ; in-fol. demi-rel. dos et coins de mar. rouge, *non rogné*. 50 fr.

> Bel exemplaire. Frontispice et 65 planches.

1355. **La Vega** (Garcillasso de). Histoire de la conquête de la Floride, ou relation de ce qui s'est passé dans la découverte de ce païs par Ferdinand de Soto, composé en espagnol par l'inca Garcillasso de la Vega, et traduite en françois par Pierre Richelet. *Leide, P. Vander Aa, 1731* ; 2 tomes en un vol. in-12, veau. 15 fr.

> Planches en taille-douce.

1356. **Le Brun** (Corneille). Voyages par la Moscovie, en Perse, et aux Indes orientales. Ouvrage enrichi de plus de 320 tailles-douce des plus curieuses, représentant les plus belles vues de ces païs, les principales villes, les différens habillemens des peuples, les animaux, etc. *Amsterdam, les frères Wetstein, 1718* ; 2 tomes en un vol. pet. in-fol., veau, dos orné (*Rel. anc.*). 35 fr.

> Cet ouvrage curieux renferme un frontispice, 1 portrait, 262 planches (non compris celles du texte) et 3 cartes. — Le dos de la reliure a été refait.

1357. **Lechevalier** (J.-B.). Voyage de La Troade, fait dans les années 1785 et 1786. Troisième édition, revûe, corrigée et considérablement augmentée. *Paris, Dentu, 1802* ; 3 vol. in-8 et atlas, demi-rel. mar. vert, dos orné, *non rogné*. 20 fr.

1358. **Lecomte** (Jules). Venise, ou coup d'œil littéraire, artistique, historique, poétique et pittoresque sur les monuments et les curiosités de cette cité. *Paris, Hipp. Souverain, 1844* ; in-8, demi-rel. veau fauve 4 fr.

1359. **Le Comte** (le Père Louis). Nouveaux Mémoires sur l'état présent de la Chine. *Paris, J. Anisson, 1697-1700* ; 3 vol. in-12, veau granit, dos orné, fil., tr. dor. (*Rel. anc.*). 20 fr.

> Portrait et figures dessinées et gravées sur cuivre par *F. Etinger*.

1360. **Le Comte** (Louis). Nouveaux Mémoires sur l'état présent de la Chine. *Amsterdam, H. Desbordes, 1698* ; 2 tomes en un vol. in-12, vélin. 5 fr.

> Contrefaçon de l'édition de Paris.
> Portrait et gravures sur cuivre, copiées d'après ceux d'*Etinger*.

**Achat de Bibliothèques**

**1361. Le Gentil**. Voyage dans les mers de l'Inde, fait par ordre du roi, à l'occasion du passage de Vénus sur le disque du Soleil le 6 juin 1761 et le 3 du même mois 1769. *Paris, impr. royale*, 1779-1781 ; 2 vol. in-4, veau. 25 fr.

27 grandes planches repliées gravées en taille-douce par *de la Gardette.*

**1362. Lemprière** (G.). Voyage dans l'empire du Maroc et le royaume de Fez, fait pendant les années 1790 et 1791. Traduit de l'anglais par M. de Sainte-Suzanne. *Paris, Tavernier*, 1801 ; in-8, bas. 4 fr.

Cartes et figures. — Piqûres de vers.

**1363. Le Père**. Mémoire sur la communication de la mer des Indes à la Méditerranée par la mer rouge et l'isthme de Soueys (Suez) par J.-M. le Père. *Paris, impr. royale*, 1815 ; in-fol., veau, dos orné (*Rel. anc.*). 25 fr.

Etude du percement du canal de Suez faite au commencement de ce siècle.
Bel exemplaire offert par l'auteur à Talleyrand.

**1364. Lequinio**. Voyage dans le Jura (par Lequinio). *Paris, Caillot, an IX* (1799) ; 2 vol. in-8, carte, bas., dos orné. 6 fr.

**1365. Leschevin** (P.-X.). Voyage à Genève et dans la vallée de Chamouni en Savoie. *Paris, Renouard*, 1812 ; in-8, demi-rel. bas. 4 fr.

Portrait de de Saussure gravé en taille-douce par *Fontanals* d'après *S.-Ours.*

**1366. Lettres** sur l'Italie en 1785 (par Mercier-Dupaty). *Rome et Paris*, 1788 ; 2 tomes en un vol. in-8, demi-rel. veau vert, *non rognés*. 4 fr.

**1367. Lucas** (Paul). Voyage fait en 1714, etc. par ordre de Louis XIV, dans la Turquie, l'Asie, Sourie, Palestine, haute et basse Egypte. *Amsterdam, Steenhouwer et Uytwere*, 1720 ; 2 vol. in-12, veau, dos orné (*Rel. anc.*). 7 fr.

Figures en taille-douce.

**1368. Macartney** et **Barrow**. Voyage dans l'intérieur de la Chine, et en Tartarie, fait dans les années 1792, 1793 et 1794, par lord Macartney, rédigé par Georges Staunton. Traduit par J. Castera. *Paris, Buisson*, 1804 ; 5 tomes en 4 vol. — Voyage en Chine formant le complément du Voyage de lord Macartney, par John Barrow. Traduit par Castera. *Paris, Buisson*, 1805 ; 3 vol. in-8. Ens. 8 tomes en 7 vol. in-8, demi-rel. bas. et 2 albums in-4, cart. 35 fr.

L'atlas de Mac-Cartney renferme 41 planches et celui de Barrow 22 planches, toutes finement gravées en taille-douce.

**1369. Macartney** et **Staunton**. Voyage dans l'intérieur de la Chine, et en Tartarie, fait dans les années 1792, 1793 et 1794, par lord Macartney, avec la relation de cette ambassade. Rédigés par sir Georges Staunton. Traduit de l'anglois par J. Castera. *Paris, Buisson*, 1798 ; 5 vol. in-8 et atlas, veau racine, dos orné, dent. (*Rel. anc.*). 20 fr.

36 planches et 3 cartes.

**1370. Macartney** (Lord). Voyage en Chine et en Tartarie, traduit de l'anglais par J.-B.-J. Breton. *Paris, Lepetit*, 1804 ; 6 vol. in-12 et atlas, veau granit, dos orné, dent., tr. dor. 12 fr.

**1371. Mackensie-Wallace**. La Russie. Le pays, les institutions, les mœurs. *Paris*, 1877 ; 2 vol. in-8, br. 6 fr.

**1372. Makintosh**. Voyages en Europe, en Asie et en Afrique, contenant la description des mœurs, coutumes, loix, productions, commencés en 1777 et finis en 1781. Traduits (par J.-P. Brissot). *Londres et Paris*, 1786 ; 2 vol. in-8, br. 8 fr.

**1373. Malpiere** (D.-P.). La Chine. Mœurs, usages, costumes, arts et métiers, peines civiles et militaires, cérémonies religieuses, monuments et paysages d'après les dessins originaux du père Castiglione, du peintre chinois Pu-Qua, etc., par MM. Devéria, Regnier, etc. *Paris*, 1825-1839 ; 2 vol. gr. in-4, demi-rel. mar. vert, *non rognés*. 100 fr.

130 planches coloriées.

**1374. Malte-Brun** (V.-A.). La France illustrée. Géographie. — Histoire. — Administration. — Statistique. Nouvelle édition, revue, corrigée et augmentée. *Paris, J. Rouff*, 1881 ; 5 vol. in-4, demi-rel. chagr. vert. 50 fr.

Cartes et gravures sur bois.

**Et de Livres anciens et modernes**

**1375. Malte-Brun.** Géographie universelle entièrement mise au courant de la science par Th. Lavallée. *Paris, Furne,* 1855 ; 6 vol. gr. in-8, demi-rel. chagr. bleu. 30 fr.

Très belles illustrations sur acier.

**1376. Marchand** (Étienne). Voyage autour du monde, pendant les années 1790, 1791 et 1792, précédé d'une introduction historique, par C.-P. Claret-Fleurieu. *Paris, impr. de la République, ans VI-VIII* (1798-1800) ; 4 vol. in-4, fig. et cartes, veau, dos orné, fil., tr. dor. (*Rel. anc.*). 40 fr.

Exemplaire sur PAPIER VÉLIN.

**1377. Marmol.** L'Afrique de Marmol de la traduction de Nicolas Perrot, sieur d'Ablancourt ; avec l'histoire des chérifs, traduite de l'espagnol de Diego Torrès, par le duc d'Angoulême le père, revue et retouchée par P. R. A. (Pierre Richelet). *Paris, Th. Jolly,* 1667 ; 3 vol. in-4, veau. (*Rel. anc.*). 12 fr.

Cartes géographiques par *Sanson.* — Le titre du tome III manque.

**1378. Marmont.** Voyage du maréchal, duc de Raguse en Hongrie, en Transylvanie, dans la Russie méridionale, en Crimée et sur les bords de la mer d'Azoff, à Constantinople, dans quelques parties de l'Asie mineure, en Syrie, en Palestine et en Egypte. *Paris, Ladvocat,* 1837-1848 ; 5 vol. in-8, demi-rel. veau. 25 fr.

Le 5ᵉ volume comprend le Voyage en Sicile.

**1379. Maundrell** (Henri) et Charles **Patin.** Voyage d'Alep à Jérusalem à Pâques en l'année 1697, par Henri Maundrell. Traduit de l'anglois. *Utrecht,* 1705. — Relations historiques et curieuses de voyages en Allemagne, Angleterre, Hollande, Bohême, Suisse, etc., par Ch. Patin. *Amsterdam, Mortier,* 1695. Ens. 2 vol. in-12, parch. 8 fr.

Frontispices et figures en taille-douce.

**1380. Méchedin.** Recueil de 24 vues de Crimée en photographie, en 1 vol. gr. in-fol., demi-rel. chagr. Lavallière, plats toile. 20 fr.

**1381. Mélanges** sur les Voyages. 5 pièces en un vol. in-8, demi-rel. veau fauve. 8 fr.

Question de statistique à l'usage des voyageurs (par Volney). 1813. — Souvenirs d'un voyage en Dalmatie par C. B. (*Turin, vers 1813*). — Extrait du journal de mes campagnes en Espagne, par Daudebard. 1812. — Voyage fait par le premier consul en l'an XI de la République, dans les départements de l'Eure et de la Seine-Inférieure. 1803. — Fragment d'un voyage fait en 1810 dans le Brabant hollandais (par Musset-Pathey). 1810.

**1382. Mémoires** (Nouveaux) des Missions de la Compagnie de Jésus, dans le Levant. Nouvelle édition. *Paris, Guérin,* 1753-1755 ; 9 vol. in-12, veau écaille, tr. marbrée. (*Rel. anc.*). 30 fr.

Planches et cartes gravées sur cuivre. Les 7 premiers volumes ont été rédigés par Fleuriau d'Armenonville, le 8ᵉ par le P. Ingoult, et le dernier par le P. Roger. Exemplaire de la bibliothèque de J.-J. DE BURE.

**1383. Mercey** (F.-B.). La Toscane et le midi de l'Italie : Notes de voyage, études et récits. *Paris, A. Bertrand, s. d.* (1858) ; 2 vol. in-8, demi-rel. chagrin grenat. 10 fr.

**1384. Michel** (Ad.). L'Ancienne Auvergne et le Velay. Histoire, archéologie, mœurs, topographie. *Moulins, impr. de P.-A. Desrosiers,* 1843-1847 ; 4 vol. in-fol., demi-rel. dos et coins de mar. noir, tête dor., *non rognés.* 225 fr.

143 planches.

**1385. Millin** (Aubin-Louis). Voyage dans les départemens du Midi de la France. *Paris, impr. Impériale,* 1807-1811 ; 4 tomes en 5 vol. et atlas in-4, bas., dos orné. 40 fr.

Cet ouvrage contient le relevé de nombreuses inscriptions épigraphiques et l'atlas renferme 80 planches gravées sur cuivre, reproduisant un grand nombre de monuments antiques du moyen âge et de la Renaissance, des plus intéressants pour l'archéologie de la France.

**1386. Millin** (A.-L.). Voyage dans le Milanais, à Plaisance, Parme, Modène, Mantoue, Crémone et dans plusieurs autres villes de l'ancienne Lombardie. *Paris,* 1817 ; 2 vol. in-8, cart. 5 fr.

**1387. Mollien.** Voyage dans l'intérieur de l'Afrique aux sources du Sénégal et de la Gambie, fait en

1818. *Paris, Vᵛᵉ Courcier*, 1820 ; 2 vol. in-8, bas. 6 fr.

Cartes et vues dessinées par *Ambroise Tardieu*.

1388. **Mon Voyage** au Mont d'Or, par l'auteur du Voyage à Constantinople (d'Yrumberry, comte de Salabery). *Paris, Maradan*, 1802 ; in-8, veau, dos orné, dent. (*Rel. anc.*). 7 fr.

A la suite on a relié : Voyage à Montbar, par feu Hérault de Séchelles. *Paris,* 1801.

1389. **Monteil** (Amans-Alexis). Description du département de l'Aveiron. *Paris, Fuchs et Desenne, an X* (1802) ; 2 tomes en un vol. in-8, carte et pl., basane. 7 fr.

1390. **Montulé** (Édouard de). Voyage en Amérique, en Italie, en Sicile et en Egypte pendant les années 1816, 1817, 1818 et 1819. *Paris*, 1821 ; 2 vol. in-8 et atlas in-4 oblong, veau. 20 fr.

L'Atlas renferme 50 planches.

1391. **Montulé** (Édouard de). Voyage en Angleterre et en Russie pendant les années 1821. 1822 et 1823. *Paris, A. Bertrand*, 1825 ; 2 vol. in-8, basane, et un atlas pet. in-fol., cart. 15 fr.

29 planches en lithographie ou en taille-douce.

1392. **Morgan** (Lady). La France, par lady Morgan, ci-devant miss Owenson ; traduit de l'anglais par A. J. B. D. (Defauconpret). Troisième édition. *Paris et Londres, Treuttel et Wurtz*, 1818 ; 2 tomes en un vol. in-8, demi-rel. bas. 6 fr.

Ouvrage fort intéressant sur la littérature de la fin du XVIIIᵉ siècle et du 1ᵉʳ Empire.

1393. **Morgan** (Lady). L'Italie. Traduit de l'anglais (par Mⁱˡᵉ Sobry). *Paris, Dufart*, 1821 ; 4 tomes en 2 vol. in-8, demi-rel. veau fauve, dos orné. 12 fr.

Bel exemplaire.

1394. **Morgan** (Lady). L'Italie, traduit de l'anglais (par Mⁱˡᵉ Sobry). *Paris, P. Dufart*, 1821 ; 4 vol. in-8, demi-rel. veau violet. 10 fr.

1395. **Moser** (Henri). A travers l'Asie centrale. — La steppe Kirghise — Le Turkestan russe — Boukara — Khiva — Le pays des turcomans

et la Perse — Impressions de voyage. *Paris, Plon, s. d.* ; in-4, br. 8 fr.

170 gravures, dont 117 dessins de *Van Muyden* et 16 héliotypies avec une carte itinéraire de voyage.

1396. **Mouradja d'Ohsson**. Tableau général de l'empire Othoman, par M. de M*** (Ignace Mouradja) d'Ohsson. *Paris, impr. de Monsieur*, 1788-1791 ; 5 tomes en 4 vol. in-8, veau racine, dent. (*Rel. anc.*). 25 fr.

Frontispice et jolies planches en taille-douce.

1397. **Muller** (G.-P.). Voyages et découvertes faites par les Russes le long des côtes de la mer glaciale et sur l'Océan oriental. On y a joint l'histoire du fleur Amur. Ouvrages traduits de l'allemand par C. G. F. Dumas. *Amsterdam, M.-M. Rey*, 1766 ; 2 vol. in-12, carte, bas., dos orné. 12 fr.

1398. **Mungo-Park**. Voyage dans l'intérieur de l'Afrique, fait en 1795, 1796 et 1797, avec des éclaircissemens sur la Géographie de l'intérieur de l'Afrique, par le Major Rennel. Traduit de l'anglais sur la seconde édition par J. Castera. *Paris, Dentu et Casterel, an VIII* (1800) ; 2 vol. in-8, demi-rel. veau. 18 fr.

Figures gravée en taille-douce.

1399. **Murphy** (Jacques). Voyage en Portugal dans les années 1789 et 1790, traduit de l'anglais (par Lallemant). *Paris, Denné*, 1797 ; 2 vol. in-8, fig., demi-rel. dos et coins de mar. rouge, *non rognés*. (*Petit*). 10 fr.

Bel exemplaire en PAPIER VÉLIN FORT, orné de 23 planches gravées en taille-douce. Des bibliothèques de LA BÉDOYÈRE et et J. RENARD.

1400. **Nau** (le R. P.). Voyage nouveau de la Terre-Sainte, enrichi de plusieurs remarques particulières qui servent à l'intelligence de la Sainte Ecriture et de diverses réflexions. *Paris, Barbou*, 1744 ; in-12, demi-rel. bas. 8 fr.

1401. **Nebel** (G.). Voyage pittoresque et archéologique dans la partie la plus intéressante du Mexique. *Paris, 1836* ; in-fol. demi-rel.        40 fr.

    50 planches lithographiées, dont plusieurs sont en couleurs.

**1402. Niebuhr.** Description de l'Arabie d'après les observations et recherches faites dans le pays même. *Copenhague, Nicolas Möller, 1773* ; in-4, veau.      5 fr.

    Planches gravées en taille-douce.

**1403. Nieuhoff** (Jean). L'Ambassade de la Compagnie orientale des Provinces Unies vers l'empereur de la Chine. *Leyde, J. de Meurs, 1665* ; in-fol., veau, dos orné. *(Rel. anc.).*      30 fr.

    Nombreuses planches.

**1404. Oppert** (J.). Expédition scientifique en Mésopotamie, exécutée par ordre du gouvernement de 1851 à 1854, par MM. Fulgence Fresnel, Félix Thomas et Jules Oppert. *Paris, impr. impériale, 1859-1863* ; 2 tomes en un vol. in-4 et atlas in-fol., demi-rel. mar. Lavallière, tête dor., *non rognés. (David).* 70 fr.

    21 planches montées sur onglets.
    Bel exemplaire.

**1405. Paquet-Syphorien.** Voyage historique et pittoresque fait dans les ci-devant Pays-Bas et dans quelques départements voisins, pendant les années 1811, 1812 et 1813. *Paris, Firmin-Didot, 1813* ; 2 tomes en un vol. in-8, demi-rel. veau fauve.      10 fr.

    24 planches en taille-douce.

**1406. Percival** (Robert). Voyage au Cap de Bonne-Espérance, fait pendant les années 1796 et 1801. Traduit de l'anglais par P.-F. Henry. *Paris, Dentu, 1806* ; in-8, bas., dos orné.      4 fr.

**1407. Philipp.** Voyage du gouverneur Philipp à Botany-Bay ; auquel on a ajouté les journaux des lieutenans Shortand, Wats, Ball et du capitaine Marshall ; traduit de l'anglois (par A.-L. Millin). *Paris, Buisson, 1791* ; in-8, bas., dos orné.      4 fr.

**1408. Piassetsky.** Voyage à travers la Mongolie et la Chine. Traduit du Russe par Aug. Kuscinsky. *Paris, Hachette, 1883* ; gr. in-8, br.      9 fr.

    Une carte et 90 gravures sur bois.

**1409. Place** (V.). Ninive et l'Assyrie, avec des essais de restauration par F. Thomas. *Paris, impr. Impériale, 1867* ; 3 vol. gr. in-fol., demi-rel. mar. rouge, tête dor., *non rognés.*      220 fr.

    Bel exemplaire avec 88 planches montées sur onglets.

**1410. Pouqueville.** Voyage en Chine. Deuxième édition, revue, corrigée et augmentée. *Paris, Didot, 1826* ; 6 vol. in-8, demi-rel. veau vert, dos orné.      18 fr.

    Cartes, vues et figures.

**1411. Proyart** (l'abbé). Histoire de Loango, Kakongo et autres royaumes d'Afrique. *Paris et Lyon, 1776* ; in-12, carte, veau.      3 fr.

**1412. Quincy Adams.** Lettres sur la Silésie écrites en 1800 et 1801, durant le cours d'un voyage fait dans cette province. Traduit de l'anglais par J. Dupuy. *Paris, Dentu, 1807*, in-8, carte, veau.      4 fr.

**1413. Recherches** historiques et politiques sur les Etats-Unis de l'Amérique septentrionale, où l'on traite des établissemens des treize colonies, par un citoyen de Virginie (Mazzei). Avec quatre lettres d'un bourgeois de New-Heaven (Condorcet) sur l'unité de la législation. *Colle et Paris, Froullé, 1788* ; 4 tomes en 2 vol. in-8, veau marbré, dos orné *(Rel. anc.).*      12 fr.

**1414. Recueil** de voiages au Nord contenant diverses mémoires très utiles au commerce et à la navigation (publié par J.-Fréd. Bernard). *Amsterdam, J.-F. Bernard, 1715* ; 4 vol. in-12, demi-rel., *non rognés.*      12 fr.

    Frontispice, cartes et figures.
    Ces 4 volumes forment l'ÉDITION ORIGINALE de cette collection qui devait s'étendre et comprendre 10 tomes.

**1415. Rehfues** (J.-F.). L'Espagne en mil huit cent huit, ou recherches sur l'état de l'administration, des sciences, des lettres, des arts, du commerce et des manufactures, de l'instruction publique, de la force militaire, etc. *Paris, Treuttel et Wurtz, 1811* ; 2 vol. in-8, bas., dos orné.      8 fr.

    Cet ouvrage a été traduit de l'allemand par F. Guizot.

**Achat de Bibliothèques**

1416. **Remy** (Jules). Voyage au pays des Mormons. Relation, géographie, histoire naturelle, histoire, théologie, mœurs et coutumes. *Paris, Dentu,* 1860; 2 vol. in-8, demi-rel. chagrin bleu, dos orné, tr. jaspée. 12 fr.
Ouvrage orné de 10 belles gravures sur acier et d'une carte.

1417. **Riedesel.** Voyages en Sicile, dans la Grande Grèce et au Levant, par M. le baron de Riedesel ; suivis de l'histoire de la Sicile, par le Novaïri. *Paris, Jensen,* 1802 ; in-8, bas., dos orné. 4 fr.

1418. **Robertson** (David). Voyages dans l'isle de Man, avec des réflexions sur l'histoire de habitans. Traduit par J.-P. Caignard. *Rouen, Guilbert, an XI* (1803) ; in-8, front., br. 3 fr.

1419. **Rochefort** (César). Histoire naturelle et morale des Iles Antilles de l'Amérique. Enrichie de plusieurs belles figures des raretez les plus considérables qui y sont décrits. Avec un vocabulaire Caraïbe. *Roterdam, Arnoud Leers,* 1658 ; 2 vol. in-4, vélin. 30 fr.
Frontispice et figures dans le texte gravés sur cuivre. Légères piqûres de vers.

1420. **Rochet d'Héricourt.** Voyage (Premier et second) sur la côte orientale de la mer rouge, dans le pays d'Adel et le royaume de Choa. *Paris, Bertrand,* 1841-1846 ; 2 vol. in-8, demi-rel. basane. 10 fr.
Portrait et 20 lithographies par *Dauzats, Blanchard, Lasalle, Gué,* etc. 2 cartes.

1421. **Rochon** (Alexis). Voyages à Madagascar, au Maroc, et aux Indes orientales. *Paris, Prault, an X* (1802) ; 3 vol. in-8, bas. 10 fr.
Carte de l'île de Madagascar.

1422. **Ruines de Palmyre** (Les), autrement dit Tedmor au désert. *Londres, Millar,* 1753 ; in-fol., veau marbré. 40 fr.
57 pl. de *Borra, Dankins* et *Wood.* La première est une vue générale des ruines Palmyre qui manque quelquefois dans les exemplaires.

1422 bis. **Rusca** (Louis). Recueil des dessins de différens bastimens construits à St Pétersbourg et dans l'intérieur de l'empire de Russie. *Saint-Pétersbourg,* 1810 ; in-fol., demi-rel. chagrin rouge. 90 fr.
181 planches gravées au trait.

1423. **Saint-Non** (l'abbé de). Voyage pittoresque, ou description des royaumes de Naples et de Sicile. *Paris, Clousier,* 1781-1786 ; 4 tomes en 5 vol. veau marb. 250 fr.
Bel ouvrage richement orné de gravures. Fleurons sur les titres, 376 gravures, 11 grandes vignettes, 74 culs-de-lampe et fleurons, 12 cartes et 1 plan dessinés par *Auvray, Choffard, Cochin, Duplessis-Bertaux, Fragonard, etc.*
Les 14 planches de médailles des villes de Sicile qui manquent souvent, se trouvent à part, non reliées.

1424. **Saint-Non** (Abbé de). Voyage pittoresque à Naples et en Sicile, nouvelle édition corrigée et augmentée par Charrin. *Paris, Dufour,* 1829 ; 3 vol. in-fol. de planches et 4 vol. in-8 de texte, avec portr., demi-rel. dos et coins de veau bleu, *non rognés.* 60 fr.
Exemplaire de la bibliothèque de la Maréchale de RAGUSE.

1425. **Saint-Pierre** (Bernardin de). Voyage à l'Isle de France, à l'isle de Bourbon, au cap de Bonne-Espérance, etc., par un officier du Roi (Bernardin de Saint-Pierre). *Amsterdam et Paris, Merlin,* 1773; 2 vol. in-8, veau marbr., dos orné, fil. (*Rel. anc.*). 12 fr.
Joli frontispice de *Moreau le jeune,* gravé par *Masquelier;* et planches en taille-douce.

1426. **Salzmann** (Aug.). Jérusalem, étude et reproduction photographique des monuments de la ville Sainte depuis l'époque Judaïque jusqu'à nos jours. *Paris, Gide,* 1856 ; un vol. pet. in-fol. de texte et 2 vol. gr. in-fol. de planches, demi-rel. dos et coins de mar. rouge, tête dor., *non rognés.* 250 fr.
Bel exemplaire monté sur onglets.

1427. **Schiner.** Description du département de Simplon, ou de la ci-devant république du Valais. *Sion, A. Advocat,* 1812 ; in-8, br. 4 fr.

1428. **Simond** (Louis). Voyage en Angleterre pendant les années 1810 et 1811, avec des observations sur l'état politique et moral, les arts et la littérature de ce pays. *Paris, Treuttel et Würtz,* 1817 ; 2 vol. in-8, demi-rel. bas. 10 fr.
Figures à l'aqua-tinte.

1429. **Snelgrave** (Guillaume). Nouvelle relation de quelques endroits

**Et de Livres anciens et modernes**

de Guinée, et du commerce d'esclaves qu'on y fait, traduite de l'anglois par de Coulange. *A Amsterdam, aux dépens de la Compagnie*, 1735; in-12, carte, veau. 8 fr.

**1430. Sobreviela.** Voyages au Pérou faits dans les années 1791 à 1794 par les PP. Manuel Sobreviela et Narcisso y Barcelo. Traduits par P.-F. Henry. *Paris, Dentu*, 1809; 2 vol. in-8, bas., dos orné.  15 fr.

 Carte du Pérou et 12 belles planches coloriées représentant les costumes des habitants.

**1431. Solvyns** (B.). Les Hindous ou description de leurs mœurs, coutumes et cérémonies, etc., dessinés d'après nature, dans le Bengale. Texte en français et en anglais. *Paris, l'auteur, impr. de Mame frères*, 1808-1812; 4 vol. in-fol. demi-rel. dos et coins de veau brun, dos orné, plats toile. 300 fr.

 Bel ouvrage orné de 292 planches coloriées avec soin.

**1432. Solvyns** (B.). Les Hindous, ou Description de leurs mœurs, costumes et cérémonies, etc., dessinés d'après nature dans le Bengale et représentés en 292 planches, avec le texte en français et en anglais. *Paris, l'auteur, imprimerie de Mame frères*, 1808-1812; 4 vol. in-fol. demi-rel. veau, *non rognés*.  200 fr.

 Figures coloriées. — Reliure fatiguée.

**1433. Sonnerat.** Voyage à la Nouvelle Guinée en 1771. *Paris, Ruault*, 1776; in-4, veau marbré, dos orné, fil. (*Rel. anc.*)  25 fr.

 120 figures en taille-douce gravées par *Baquoy, Thérèse Martinet, Avril,* d'après les dessins de l'auteur.

**1434. Sonnerat.** Voyage aux Indes orientales et à la Chine, fait par ordre du Roi depuis 1774 jusqu'en 1781. *Paris, chez l'auteur*, 1782; 2 vol. in-4, veau marbré, dos orné (*Rel. anc.*).  25 fr.

 Ouvrage fort intéressant traitant les mœurs et religion des Indiens, Chinois, Pégouins et Madécasses à la fin du siècle dernier; orné de 140 belles planches en taille-douce, gravées par *Poisson, Desmoulins, Milsan*, et autres.

**1435. Sonnerat.** Voyage aux Indes et à la Chine, fait par ordre du Roi, depuis 1774 jusqu'en 1781. *Paris*, 1782; 3 vol. in-8, veau marbr., dos orné, tr. rouge (*Rel. anc.*).  15 fr.

 Planches gravées sur cuivre.

**1436. Sonnerat.** Voyage aux Indes orientales et à la Chine, fait par ordre de Louis XVI depuis 1774 jusqu'en 1781. *Paris, Dentu*, 1806; 4 vol. in-8, br.  10 fr.

**1437. Sonnini** (C.-S.). Voyage dans la haute et basse Egypte, fait par ordre de l'ancien gouvernement et contenant des observations en tous genres. *Paris, Buisson, an VII* (1799); 3 vol. in-8, demi-rel. 15 fr.

 Portrait de l'auteur par *Bornet*, gravé par *Delvaux* et 39 planches gravées en taille-douce par *J.-B.-P. Tardieu*.

**1438. Stanley** (Henry). Cinq années au Congo. 1879-1884. Voyages, explorations, fondation de l'état libre du Congo. Traduit par Gérard Harry. *Paris, Dreyfous, s. d.* (1885); gr. in-8, br.  10 fr.

 120 gravures sur bois et 4 cartes en couleurs.

**1439. Stanley** (H.-M.). Dans les Ténèbres de l'Afrique, recherche, délivrance et retraite d'Emin Pacha. *Paris, Hachette*, 1890; 2 vol. in-8, br.  12 fr.

 150 gravures d'après les dessins de *A. Forestier, Sydney Hall, Montbard, Riou;* et 3 grandes cartes tirées en couleurs.

**1440. Stavorinus** (J.-S.). Voyage par le Cap de Bonne-Espérance à Batavia, à Bantam et au Bengale, en 1768, 69, 70 et 71. Traduit du hollandois par H.-J. Jansen. *Paris, Janssen*, 1798; in-8, veau marbr., dos orné (*Rel. anc.*).  5 fr.

 3 cartes en taille-douce.

**1441. Strabon.** Géographie, traduite du grec en françois, par de La Porte du Theil, Coray et Letronne, avec des notes et une introduction par Gosselin. *Paris, Impr. impériale*, 1805-1819; 5 vol. in-4, veau.  60 fr.

**1442. Surius.** Le Pieux Pèlerin, ou Voyage de Jérusalem, divisé en trois livres contenans la description topographique de plusieurs Royaumes, Païs, Villes, Nations estrangeres, nommement des qua-

torze Religions orientales, leurs
mœurs et humeurs, tant en matière
de religion que de civile conversa-
tion, etc. Le tout remarqué et recueilli par le Père Bernardin Surius. *Brusselles, François Foppens,*
1666 ; in-4, veau brun.   30 fr.

> Titre gravé, carte et portrait du Père
> Surius, gravés sur cuivre.

**1443.** **Symes** (Michel). Relation de
l'ambassade anglaise envoyée en
1795 dans le royaume d'Ava, ou
l'empire des Birmans ; par le major
Michel Symes, chargé de cette ambassade. Traduite de l'anglais
par J. Castera. *Paris, Buisson,*
1800 ; 2 vol. in-8, veau marbré,
dos orné (*Rel. anc.*).   7 fr.

> L'atlas manque.

**1444.** **Tableau** de la Grande-Bretagne, de l'Irlande, et des possessions anglaises dans les quatre parties du Monde (par le baron de
Baert). *Paris, Maradan,* 1802 ;
4 vol. in-8. veau, dos orné. (*Rel.
anc.*).   12 tr.

> 12 vues, cartes, portraits et scènes gra-
> vés en taille-douce.

**1445.** **Tavernier** (Jean-Baptiste).
Les six Voyages de J.-B. Tavernier, écuyer-baron d'Aubonne, qu'il
a fait en Turquie, en Perse, et aux
Indes. *Paris, G. Clouzier,* 1677-
1679 ; 3 vol. in-4, veau, dos orné,
tr. dor. (*Rel. anc.*)   35 fr.

> Ouvrage orné d'un portrait de l'auteur
> et d'un grand nombre de planches en
> taille-douce.
> Exemplaire aux armes et au chiffre de
> DU BUTAY.

**1446.** **Tavernier.** Les six Voyages
de Jean-Baptiste Tavernier, baron
d'Aubonne, en Turquie, en Perse
et aux Indes. *Suivant la copie imprimée à Paris. Amsterdam, Volf-
gang,* 1679 ; 3 vol. in-12, front.,
portr. et fig., mar. rouge, dos orné,
fil., tr. dor.   80 fr.

> Les six premiers Voyages de Tavernier
> occupent en entier les deux premiers vo-
> lumes ; le troisième, avec un titre diffé-
> rent, renferme une Relation du Japon ; —
> Relation de ce qui s'est passé dans la né-
> gociation des députés qui ont été en Perse
> et aux Indes pour l'établissement du com-
> merce ; — Observations sur le commerce
> des Indes ; — Relation nouvelle du Ton-
> kin ; — Histoire de la conduite des Hol-
> landais en Asie, et Relation de l'intérieur
> du sérail.
> Ces trois volumes sont ornés d'un por-

trait de l'auteur, d'un frontispice, de 41
planches et de 2 cartes.
> Bel exemplaire.

**1447.** **Tavernier** (J.-B.). Les six
Voyages de M. J.-B. Tavernier,
baron d'Aubonne, en Turquie, en
Perse et aux Indes pendant l'espace
de 40 ans. Nouvelle édition. *Paris,
Vve P. Ribou,* 1724 ; 2 vol. in-12,
veau.   12 fr.

> Portrait, frontispice et planches en
> taille-douce

**1448.** **Taylor** et **Nodier.** Voyages
pittoresques et romantiques dans
l'ancienne France. — Auvergne. —
*Paris, Didot,* 1829 ; 2 vol. in-fol.
demi-rel. chagr. rouge, *non rognés.*   175 fr.

> L'Auvergne renferme environ 250 plan-
> ches, la plupart sur Chine, avec de nom-
> breux culs-de-lampe tirés dans le texte.
> Bel exemplaire.

**1449.** **Taylor** et **Nodier.** Voyages
pittoresques et romantiques dans
l'ancienne France. — Bourgogne.
*Paris, Didot,* 1863 ; in-fol., demi-
rel. chagr. rouge, *non rogné.* 120 fr.

> La Bourgogne renferme environ 170
> planches, la plupart sur Chine. Très bel
> exemplaire.

**1450.** **Taylor** et **Nodier.** Voyages
pittoresques et romantiques dans
l'ancienne France. — Champagne.
— *Paris, Didot,* 1857 ; 2 vol. in-
fol. demi-chagr. rouge, *non rognés.*   250 fr.

> La Champagne renferme environ 400
> planches, la plupart sur Chine. Très bel
> exemplaire.

**1451.** **Taylor** et **Nodier.** Voyages
pittoresques et romantiques dans
l'ancienne France. — Languedoc.
— *Paris, Didot,* 1823-1827 ; 6 part.
en 4 vol. in-fol., demi-rel. chagrin
rouge, *non rognés.*   300 fr.

> Le Languedoc divisé en 6 part. renferme
> 331 planches numérotées de 1 à 331, et
> 215 pl. supplémentaires, soit en tout 546 pl.
> hors texte, la plupart sur Chine, mais
> très mal chiffrées ; le texte n'a pas de pagi-
> nation ; les cahiers sont de 2 ff. et chaque
> page est tirée dans un superbe encadre-
> ment historié.
> Très bel exemplaire.

**1452.** **Taylor** et **Nodier.** Voyages
pittoresques et romantiques dans
l'ancienne France. Normandie. *Paris, Didot,* 1825, 2 vol. in-fol., demi-
rel. veau fauve, *non rogné.* 120 fr.

> 232 planches lithographiées.

**Et de Livres anciens et modernes**

**1453. Taylor** et **Nodier**. Voyages pittoresques et romantiques dans l'ancienne France. — Picardie. — *Paris, Didot,* 1835 ; 3 vol. in-fol. demi-rel. chagr. rouge, *non rognés.* 250 fr.

La Picardie renferme environ 400 planches la plupart sur Chine. Chaque page de texte est tirée dans un encadrement historié.

Très bel exemplaire.

**1454. Tchihatcheff**. Voyage scientifique dans l'Altaï oriental et les parties adjacentes de la frontière de Chine fait par P. de Tchihatcheff. *Paris, Gide,* 1845 ; in-4, demi-rel. dos et coins de mar. vert, et atlas in-4, cart. 60 fr.

19 planches.

**1455. Teule** (Charles). Pensées et notes critiques extraites du journal de mes voyages dans l'empire du Sultan de Constantinople, dans les provinces russes, géorgiennes et tartares du Caucase et dans le royaume de Perse. *Paris,* 1842 ; 2 vol. in-8, demi-rel. veau fauve. 5 fr.

**1456. Thunberg**. Voyages de C.-P. Thunberg, au Japon, par le cap de Bonne-Espérance, les iles de la Sonde. Traduits, rédigés et augmentés de notes par L. Langlès, et revus par J.-B. Lamarck. *Paris, Benoît Dandré,* 1796 ; 4 vol. in-8, veau granit, dos orné. *(Rel. anc.).* 20 fr.

Portrait par *Née* et nombreuses planches gravés sur cuivre.

**1457. Timkovski**. Voyage à Pékin, à travers la Mongolie en 1820 et 1821. Publié avec des corrections et des notes par M. J. Klaproth. *Paris, Dondey-Dupré,* 1827 ; 2 vol. in-8 et atlas in-4 demi-rel. mar. citron. 12 fr.

L'atlas contient 12 planches.

**1458. Timkovski**. Voyage à Pékin, à travers la Mongolie, en 1820 et 1821. Publié avec des corrections et des notes par M. J. Klaproth. *Paris, Dondey-Dupré,* 1827 ; 2 vol. in-8 et atlas in-4., demi-rel. veau bleu. 12 fr.

12 planches.

**1459. Tombe** (Ch.-Fr.). Voyage aux Indes orientales pendant les années 1802, 1803, 1804, 1805 et 1806, contenant la description du cap de Bonne-Espérance, dés iles de France, Bonaparte, Java, Banca et de la ville de Batavia. Revu et augmenté par M. Sonnini. *Paris, Arthus Bertrand,* 1811 ; 2 vol. in-8, bas., dos orné et atlas in-4, cart. 20 fr.

18 belles planches en taille douce, cartes marines et militaires, costumes et vues.

**1460. Tombe** (Ch.-Fr.). Voyage aux Indes orientales pendant les années 1802, 1803, 1804, 1805 et 1806. Revu et augmenté de plusieurs notes et éclaircissemens par M. Sonnini. *Paris, Arthus Bertrand,* 1810 ; 2 vol. in-8 et atlas in-4, demi-rel. bas. 20 fr.

18 belles planches en taille-douce.

**1461. Tour du Monde** (le). Journal des voyages. *Paris, Hachette,* 1860-1884 ; 48 vol. in-4, fig., demi-rel. chagr. vert. 180 fr.

Collection complète depuis l'origine jusqu'en 1884. Bel exemplaire.

**1462. Troil** (de). Lettres sur l'Islande. Traduites du suédois, par M. Lindblom. *Paris, imp. de Monsieur (Didot),* 1781 ; in-8, veau marbré, dos orné, fil. *(Rel. anc.).* 8 fr.

Cartes et planches en taille-douce.

On a relié à la suite : Lettres écrites de Portugal sur l'état de ce pays (par miss Stephens), 1780.

**1463. Turpin**. Histoire civile et naturelle du royaume de Siam, et des révolutions qui ont bouleversé cet empire jusqu'en 1770. *Paris, Costard,* 1771 ; 2 vol. in-12, veau, dos orné. *(Rel. anc.).* 10 fr.

Cette histoire a été publiée par Turpin sur les manuscrits qui lui furent communiqués par le vicaire apostolique de Siam, Brigot, évêque de Tabraca, et autres missionnaires.

**1464. Twiss** (Richard). Voyage en Portugal et en Espagne fait en 1772 et 1773. *Berne,* 1776, in-8, veau marbré, dos orné. 4 fr.

Ouvrage orné d'un frontispice d'après *Raphaël* et d'une carte des deux royaumes. Vignette de *Dunker* sur le titre.

**1465. Univers pittoresque**. Histoire et description de tous les peuples, de leurs religions, mœurs, coutumes, etc. *Paris, Firmin Didot,* 1835 *et suiv.*; 67 vol. in-8, cart., *non rognés* et br. 100 fr.

Important ouvrage rédigé par des écrivains, qui, pour la plupart ont séjourné dans les lieux dont ils parlent; il comprend : Europe, 41 vol., Asie, 11 vol., Afrique. 7 vol., Amérique, 5 vol., Océanie, 3 vol., et est illustrée de plus de 3,000 gravures sur acier.

**1466. Valentia** (vicomte George). Voyage dans l'Hindoustan, à Ceylan, sur les deux côtes de la Mer Rouge, en Abyssinie et en Egypte, pendant les années 1802, 1803, 1804, 1805, 1806. Traduits de l'anglais par P.-F. Henry. *Paris*, *Vve Lepetit*, 1813 ; 4 vol. in-8, veau racine, dos orné. (*Rel. anc.*). 30 fr.

Cartes, plans, inscriptions et vues diverses exécutés par *H. Salt*.
Bel exempl. orné de très jolies figures.

**1467. Valery**. Voyages historiques et littéraires en Italie pendant les années 1826, 1827 et 1828. *Paris*, *Le Normant*, 1831-1833 ; 5 vol. in-8, demi-rel. veau violet. 15 fr.

Bel exemplaire.

**1468. Vambéry** (Arminus). Voyage d'un faux derviche dans l'Asie centrale. *Paris*, *Hachette*, 1865 ; gr. in-8, fig., br. 4 fr.

**1469. Van-Braam Houckgeest.** Voyage de l'ambassade de la compagnie des Indes orientales hollandaises, vers l'empereur de la Chine dans les années 1794 et 1795 : où se trouve la description de plusieurs parties de la Chine inconnue aux Européens. Publié en français par M. L.-E. Moreau de Saint-Méry. *Philadelphie*, 1797-1798 ; 2 vol. in-4, demi-rel. veau fauve. 45 fr.

Planches et cartes gravées sur cuivre.

**1470. Van-Braam Houckgeest**. Voyage de l'ambassade de la compagnie des Indes orientales hollandaises vers l'empereur de la Chine, en 1794 et 1795 ; où se trouve la description de plusieurs parties de cet empire, tiré du journal d'André Everard Van-Braam Houckgeest, publié par M. L.-E. Moreau de Saint-Méry. *Paris, Garnery*, 1798 ; 2 vol. in-8, veau granit, dos orné (*Rel. anc.*) 8 fr.

**1471. Van de Velde**. Le Pays d'Israël. Collection de vues prises d'après nature dans la Syrie et la Palestine. *Paris, Vve J. Renouard*, 1857 ; in-fol., demi-rel. dos et coins de mar. rouge, *non rogné*. 85 fr.

100 planches lithographiées à plusieurs teintes; manque les nᵒˢ 22 et 74.

**1472. Vander Maelen**. Atlas universel de géographie, physique, politique, statistique, et minéralogique lithographié par Ode. *Bruxelles*, 1825 ; 6 vol. in-fol., demi-rel. veau vert, *non rognés*. 80 fr.

400 cartes coloriées. Bel exemplaire.

**1473. Vancouver** (George). Voyage de découvertes à l'Océan pacifique du Nord, et autour du monde; dans lequel la côte Nord-Ouest de l'Amérique a été soigneusement reconnue et exactement relevée et exécuté en 1790, 1792, 1793, 1794 et 1795. Traduit de l'anglais (par Morellet et Demeunier). *Paris, impr. de la République, an VIII* (1800); 3 vol. gr. in-4, demi-rel. veau fauve, éb. (*Thouvenin*) et atlas in-fol., cart. 50 fr.

Célèbre voyage illustré de 18 figures en taille-douce et d'un atlas de 16 cartes. Bel exemplaire.

**1474. Vaysse de Villiers.** Itinéraire descriptif de la France et de l'Italie. Région de l'Ouest. Route de Paris à Rennes, avec carte routière et plan de Versailles. *Paris, Potey*, 1822 ; in-8, br. 4 fr.

**1475. Vernet** (Joseph) et **Hue**. Les Ports de France peints par Joseph Vernet et Hue, conservateur au Luxembourg; dont les tableaux enrichissent la galerie du Sénat. Accompagnés de notes historiques et statistiques sur chacune des villes où ils se trouvent situés. *Paris*, 1812 ; in-4, br. 40 fr.

Portraits de J. Vernet et de Hue et 24 belles planches gravés en taille-douce. Les notices ont été rédigées par Aug.-Martin Miger.

**1476. Vincent** (William). Voyage de Néarque, des bouches de l'Indus jusqu'à l'Euphrate, ou journal de l'expédition de la flotte d'Alexandre. Traduit de l'anglois de William Vincent, par J. B. L. J. Billecocq. *Paris, imp. de la République, an VIII* (1800); in-4, demi-rel. veau vert. 8 fr.

Planches en taille-douce.

**1477. Vincent** (W.). Voyage de

Néarque; des bouches de l'Indus jusqu'à l'Euphrate, ou journal de l'expédition de la flotte d'Alexandre, rédigé sur le journal original de Néarque conservé par Arrien. Traduit de l'anglais de William Vincent, par J.-B.-L.-J. Billecocq. *Paris, imp. de la République, an VIII* (1800) ; in-4, veau racine, dos orné, dent., tr. marbr.     6 fr.

Cartes en taille-douce.

**1478. Volney.** Voyage en Syrie et en Egypte pendant les années 1783, 1784 et 1785. *Paris, Volland,* 1787 ; 2 vol. in-8, veau marbr., dos orné (*Rel. anc.*).     10 fr.

Cartes et vue des ruines de Palmyre.

**1479. Volney** (C.-F.). Voyage en Egypte et en Syrie pendant les années 1783, 1784 et 1785, suivi de considérations sur la guerre des Russes et des Turks. Cinquième édition. *Paris, Bossange,* 1822 ; in-8, br.     6 fr.

8 belles planches en taille-douce.

**1480. Voyage** à la Martinique, contenant diverses observations sur la physique, l'histoire naturelle, l'agriculture, les mœurs et les usages de cette isle, faites en 1751 (par Thibault de Chanvalon). *Paris, Bauche,* 1763 ; in-4, carte, mar. rouge, dos orné, fil., tr. dor. (*Rel. anc.*) 300 fr.

Bel exemplaire aux armes de la dauphine MARIE-JOSÈPHE DE SAXE.

**1481. Voyage** dans le Finistère, ou état de ce département en 1794 et 1795 (par Cambry). *Paris, impr.-libr. du Cercle-Social, an VII* (1799); 3 vol. in-8, veau brun, dos orné, fil., tr. dor. (*Rel. anc.*).     12 fr.

Figures de *Valentin* gravées en taille-douce par *L'Epine.*

**1482. Voyage** dans les départemens de la France, par une société d'artistes et gens de lettres. *Paris,* 1792-1803 ; 14 tomes en 7 vol. in-8, demi rel. bas.     60 fr.

Belles et nombreuses figures en taille-douce à l'aqua-tinte et cartes en couleurs.
Le texte de cet ouvrage est dû à Joseph Lavallée et J.-B. Breton ; l'illustration à L. Brion fils et la géographie à L. Brion père.

**1483. Voyage** en divers États d'Europe et d'Asie, entrepris pour découvrir un nouveau chemin à la Chine, contenant plusieurs remarques curieuses de physique, de géographie, d'hydrographie et d'his-

toire (par Ph. Avril, de la compagnie de Jésus). *Paris, Claude Barbin,* 1692 ; in-4, port., veau. 8 fr.

Figures gravées par *Vallet.* — Déchirure au titre.

**1484. Voyage** en Islande, fait par ordre de S. M. danoise. Traduit du danois (d'Olafsen et Povelsen) par Gauthier de Lapeyronie. *Paris, Lévrault,* 1802 ; 5 vol. in-8 et atlas in-4, demi-rel. bas.     25 fr.

60 planches gravées en taille-douce.

**1485. Voyage** en Perse, fait dans les années 1807, 1808 et 1809, en traversant la Natolie et la Mésopotamie, depuis Constantinople jusqu'à l'extrémité du golfe persique, et de là à Irèwan (par Adrien Dupré). *Paris, Dentu,* 1819 ; 2 vol. in-8, chagrin brun.     8 fr.

Carte dressée par *Lapie.*

**1486. Voyage** en Savoie et dans le midi de la France en 1804 et 1805 (par L.-G.-Henri de La Bédoyère). *Paris, Giguet et Michaud,* 1807 ; in-8, bas., dos orné.     4 fr.

**1487. Voyage** en Suède, contenant un état détaillé de sa population, de son agriculture, de son commerce, et des ses finances, par un officier hollandais (Drevon). *La Haye, Gosse,* 1789 ; in-8, veau granit, dos orné, tr. rouge (*Rel. anc.*). 4 fr.

**1488. Voyage** en Suisse et en Italie fait avec l'armée de réserve, par V. D. M. (Victor de Musset-Patay). *Paris, Moutardier,* 1800 ; in-8, bas., dos orné.     5 fr.

**1489. Voyage** (Nouveau) pittoresque de la France, orné de 360 gravures exécutées sur des dessins faits d'après nature, et représentant des vues des principales villes de France, ports de mer, monumens anciens et modernes, sites remarquables, etc. *Paris, Ostervald l'aîné,* 1817 ; 3 vol. gr. in-8, demi-rel. mar. violet, dos orné avec comp. à froid, *non rog.* (*Dècle*). 75 fr.

On y remarque entre autres des vues de monuments et d'aspects de Paris et ses barrières que l'on ne rencontre pas ailleurs.
Très bel exemplaire dans une reliure contemporaine de la publication.

**1490. Voyage** pour la Redemption des Captifs, aux Royaumes d'Alger et de Tunis. fait en 1720. Par les PP. François Comelin, Philemon de la Motte et Joseph Bernard, de l'Ordre de la Sainte Trinité dits Mathurins. (Publié par le P. J.-B. de La Faye). *Paris, Sevestre et Giffart,* 1721 ; 2 parties en un vol. in-12, veau gris.            15 fr.

Portrait de Louis XV enfant et 2 figures sur cuivre.

**1491. Voyageur** (Le) américain ou observations sur l'État actuel, la culture, le commerce des colonies britanniques en Amérique. Traduit de l'anglois (d'Alexandre Cluni), augmenté d'un précis sur l'Amérique septentrionale et la république des treize Etats-Unis, par Jh. M*** (Joseph Mandillon). *Amsterdam, Schuring,* 1782 ; carte, veau marbré, dos orné (*Rel. anc.*).      4 fr.

**1492. Wheler** (George). Voyage de Dalmatie, de Grèce, et du Levant. *La Haye, Rutgert Alberts,* 1723 ; 2 vol. in-12, veau marbr., dos orné (*Rel. anc.*).            8 fr.

Planches gravées sur cuivre.

**1493. Wyss** (I. R.). Voyage dans l'Oberland bernois. Traduit de l'allemand par H. d. C. *Berne, Bourgdorfer,* 1817; 2 vol. in-8, basane. 7 fr.

Figures gravées sur cuivre par *Hegi* d'après *Lory.*

**1494. Young** (Arthur). Voyage en Italie pendant l'année 1789 ; traduit par Fr. Soulés. *Paris, Fuchs,* 1796 ; in-8, veau marbr., dos orné, tr. rouge (*Rel. anc.*).            3 fr.

**1495. Zurlauben** et **La Borde**. Tableaux topographiques, pittoresques, physiques, historiques, moraux, politiques, littéraires de la Suisse (par La Borde et Zurlauben). *Paris, Clousier,* 1780-1788 ; 4 vol. in-fol. veau marbr., dos orné, fil., tr. dor. (*Rel. anc.*).            300 fr.

Très bel ouvrage illustré d'un frontispice, de 2 portraits de Zurlauben et de La Borde et de 278 planches gravées d'après les dessins de *Le Barbier, Bertaux, Pérignon, Chatelet* et autres. Superbe exemplaire.

**1496. Zurlauben** et **La Borde**. Tableaux de la Suisse, ou voyage pittoresque fait dans les XIII cantons du corps helvétique, représentant les divers phénomènes que la nature y rassemble et les beautés dont l'art les a enrichis. Seconde édition. *Paris, Lamy,* 1784-1786 ; 13 vol. in-4, veau marbr., dos orné, dent., tr. dor. (*Rel. anc.*).            200 fr.

Bel exemplaire, orné de 428 planches gravées en taille-douce, d'après les meilleurs artistes de la fin du XVIII° siècle.

**1497. Allom** et **Pelle**. L'Empire Chinois illustré d'après des dessins pris sur les lieux par Thomas Allom. Avec les description des mœurs, des coutumes, de l'architecture, de l'industrie et du peuple chinois depuis les temps les plus reculés jusqu'à nos jours, par Clément Pelle. *Londres, Fisher,* s. d. ; 4 tomes en 2 vol. in-4, veau fauve, dos orné, *non rognés* (*Foucart*).            35 fr.

**1498. Bartlett.** La Suisse pittoresque, ornée de vues dessinées spécialement pour cet ouvrage. *Londres, G. Virtue,* 1836 ; 2 vol. in-4, cart. toile, tr. dor.            25 fr.

106 planches gravées sur acier.

**1499. Daniell.** A picturesque Voyage to India, by the way of China. *London, Longman,* 1810; gr. in-4 oblong, demi-rel. cuir de Russie.      150 fr.

50 planches dessinées et gravées par *Thomas* et *William Daniell,* coloriées avec beaucoup de soin à l'époque de la publication.

**1500. Nicolay** (Nicolas de). Les Navigations, peregrinations et voyages, faicts en la Turquie, par Nicolas de Nicolay, Dauphinoys, seigneur d'Arfeville, contenant plusieurs singularitez, que l'auteur a veu et observé. *Anvers, Guill. Silvius,* 1577 ; pet. in-4, mar. rouge, dos orné, fil., tr. dor. (*R. Petit*).            120 fr.

Édition ornée de 60 figures gravées sur bois par *Ahasverus von Landfeld* d'après les dessins de l'auteur. Ces planches passent pour donner, avec une rigoureuse exactitude, les costumes orientaux de l'époque. La figure du Calender est intacte.

---

*Le Propriétaire-Gérant :* Théophile Belin.

---

Châteaudun. — Imp. de la Société Typographique (*Téléphone*).

## *EN SOUSCRIPTION*

POUR PARAITRE EN AVRIL 1899 ET EN AVRIL 1900

# LES AMOURS
# DE PSYCHÉ
## ET DE CUPIDON

SUIVIES D'ADONIS, POËME

PAR

## JEAN DE LA FONTAINE

NOUVELLE ÉDITION ORNÉE DE 26 FIGURES DE BOREL
GRAVÉES EN COULEURS PAR VIGNA-VIGNERON

PRÉFACE DE JULES CLARETIE
de l'Académie française.

Deux volumes grand in-8 jésus imprimés sur papier vélin.

*Tirage unique à 250 exemplaires numérotés à la presse*

PLANCHES EFFACÉES APRÈS LE TIRAGE

### SIX CENTS FRANCS

Tous les exemplaires auront une tripte suite de figures, eau-forte pure, planches noires terminées et planches imprimées en couleurs.

C'est aux amateurs de beaux livres d'art que s'adresse cette publication ; elle sera la reproduction fidèle en couleurs de 26 aquarelles aussi remarquables par la grâce que par la fraîcheur et la délicatesse du coloris Ces charmantes compositions de Borel, l'un des maîtres les plus exquis de la fin du XVIIIe siècle, furent exécutées pour le célèbre bibliophile Morel de Vindé ; elles étaient destinées à illustrer une édition des AMOURS DE PSYCHÉ, que seule la Révolution empêcha de paraître. Cette œuvre interrompue, nous la reprenons aujourd'hui avec le concours des graveurs VIGNA-VIGNERON.

L'impression du texte sera confiée à MM. CHAMEROT et RENOUARD et le tirage des estampes à M. GÉNY-GROS.

Les deux tiers de l'édition étant retenus par les souscripteurs de notre publication précédente

PARIS DANSANT

nous prions Messieurs les amateurs de nous donner leur confiance en souscrivant sans retard.

Le paiement de l'ouvrage se fera en deux fois à l'apparition de chacun des volumes.